16,80

reinhardt

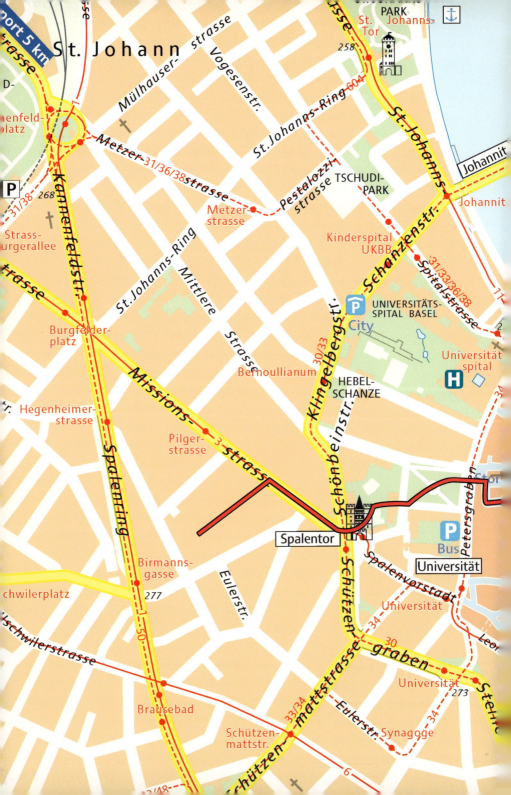

Helen Liebendörfer

Spaziergang mit Hermann Hesse durch Basel

Friedrich Reinhardt Verlag

Titelbild: Dem Haus *zum Wolf*, am Spalenberg Nr. 22, haftet hartnäckig die Legende an, dass der Hausname und die entsprechenden Jugendstilgraffiti von Burkhard Mangold aus dem Jahr 1918 die Idee für den Titel des *Steppenwolfs* geliefert hätten; aber schon in Hesses Roman *Gertrud* von 1910 findet sich der Satz:
… *er war von Einsamkeit ausgehungert wie ein Wolf.*

Alle Rechte vorbehalten
© 2012 Friedrich Reinhardt Verlag, Basel
Alle Rechte an den Werken von Hermann Hesse bei und vorbehalten durch Suhrkamp Verlag Berlin.
Projektleitung: Claudia Leuppi
Lithos und Druck: Reinhardt Druck, Basel
ISBN 978-3-7245-1793-1

www.reinhardt.ch

Inhalt

Vorwort 9

Die ersten fünf Basler Jahre (1881–1886) 10

    Rund ums Missionshaus 10
    Vom Missionshaus zum Spalentor 14
    Vom Spalentor zur Peterskirche 16

Die Jahre dazwischen 20

Die zweiten Basler Jahre (1899–1904) 24

    Von der Stiftsgasse zum Fischmarkt 24
    Vom Fischmarkt zum Marktplatz 28
    Vom Marktplatz zur Freien Strasse 30
    Von der Freien Strasse zum Münsterplatz 32
    Von der Pfalz zur Augustinergasse 36
    Von der Augustinergasse zur Martinskirche 38

Die 20 Jahre dazwischen 42

    Von der Martinskirche zum Rheinsprung 42

… und nochmals Basel (1924/25) 46

    Vom Rheinsprung zum Käppelijoch 46
    Vom Käppelijoch ins Klingental 51
    Vom Klingental zum *Hotel Krafft* 56
    Am Rhein 63

Kurze Biografie 68

Hesses Wohnorte in Basel 71

Anmerkungen 71

Literaturverzeichnis 76

Bildnachweis 77

Autorin 78

Margarethenkirchlein. *Unter jenen vereinzelten Silberblicken ist mir ein Spaziergang besonders teuer, da er das früheste Bild meines Vaters enthält. Der sass mit mir auf der von der Sonne durchwärmten Mauerbrüstung des Bergkirchleins Sankt Margarethen, zum erstenmal mir von der Höhe aus die dortige Rheinebene zeigend.*[1]

Vorwort

Meine Beziehungen zu Basel sind so alt wie ich und noch älter ...[2]
Hermann Hesse

Hermann Hesse lebte von 1877 bis 1962. Von diesen 85 Lebensjahren verbrachte er über 40 im Tessin, aber auch mehr als zehn Jahre in Basel. Als Kind, als junger Mann und schliesslich auch durch seine beiden ersten Frauen waren die Beziehungen zu Basel sehr eng. In seinen Romanen *Hermann Lauscher, Peter Camenzind* und dem berühmten *Steppenwolf* finden sich ebenfalls zahlreiche Begebenheiten, welche in Basel spielen.

Es gibt somit viele Gründe, einen Spaziergang mit Hermann Hesse durch Basel zu unternehmen und sich zu fragen, wo er gelebt und gewirkt hat und welche Spuren sich davon in seinen Werken niedergeschlagen haben. Hesses Basler Jahre bestimmen den Weg durch die Altstadtgassen. Es werden viele von Hesses Wohn- und Wirkungsstätten aufgesucht, und sein Leben wird durch zahlreiche Zitate aus seinen Briefen und Werken (jeweils kursiv gedruckt) untermalt. Gleichzeitig lässt der Spaziergang Gewohntes im Stadtbild neu erleben und vielleicht auch einiges neu entdecken.

Mein besonderer Dank gilt Frau Lisa Wenger für ihre Auskünfte und den überaus freundlichen Empfang im *Papageienhaus* in Carona sowie Herrn und Frau Volker und Ursula Michels für ihre Gastfreundschaft und wertvollen Hinweise. Möge der Spaziergang auf Hesses Spuren Freude bereiten, sei es, indem man mit dem Büchlein in der Hand der angegebenen Route folgt oder beim gemütlichen Lesen zu Hause.

Helen Liebendörfer

Die ersten fünf Basler Jahre (1881–1886)

Rund ums Missionshaus

Wir beginnen unseren Spaziergang vor dem Missionshaus und betrachten den imposanten Bau. Er wurde 1860 eingeweiht; das Land und der Bau waren ein Geschenk von Christoph Merian. Die Basler Mission selbst wurde bereits 1815 gegründet. Die Beziehungen von Hermann Hesses Grosseltern und Eltern zur Basler Mission bestanden von Anfang an. Die Grosseltern mütterlicherseits waren die ersten verheirateten Missionare in Indien – Grossmutter Julie wird als erste Missionsfrau aufgeführt[3] – und auch die Eltern von Hermann Hesse hatten als Missionare der Basler Mission in Indien im Dienst gestanden.

Hermann war vier Jahre alt, als er nach Basel kam und zusammen mit der Familie am Müllerweg wohnte, ganz in der Nähe der Schützenmatte:

Von 1881 bis 1886 lebten wir dann in Basel und wohnten am Müllerweg, dem Spalenring gegenüber; zwischen beiden lief damals die Elsässer Bahnlinie hindurch.[4]

Vater Hesse war vom württembergischen Ort Calw ans Basler Missionshaus berufen worden mit einem Lehrauftrag für Missionsgeschichte und Missionslehre; gleichzeitig hatte er auch die Verantwortung für die Herausgabe einer Missionszeitschrift zu übernehmen. Die ganze Familie vollzog mit Freuden den Wechsel von Calw nach Basel, denn nicht nur die Mission, auch die Stadt Basel war ihnen gut bekannt. Mutter Marie Hesse hatte ihre Kindheit in Basel verbracht, während ihre Eltern im Dienst der Basler Mission in Indien weilten. Sie war bei Verwandten im Gundeldingerquartier aufgewachsen.

Die Kinder Karl und Theo aus der ersten Ehe von Marie Hesse sowie der vierjährige Hermann und seine ältere Schwester Adele und das jüngere Schwesterchen Marulla sahen dem Umzug gespannt entgegen:

… wir hatten auch von Basel eine prächtige und verlockende Vorstellung, denn man hatte uns nicht bloss von der Mission und dem Missionshaus erzählt, sondern auch vom Rhein und den Brücken, der schönen alten Stadt, dem Münster und dem Lällenkönig, und viele dieser Merkwürdigkeiten kannten wir schon von den Abbildungen.[5]

Das Basler Missionshaus. *Wir teilen nun Freude und Leid mit der Basler Mission und das macht uns reich und glücklich, man liebt mehr, man betet mehr, es ist ein wärmeres, bewegteres Leben als in Calw,* schrieb Mutter Hesse in ihr Tagebuch.[6]

Das Kinderhaus am Nonnenweg, vom Garten des Missionshauses her gesehen.

Wir spazieren durch den überraschend grossen Garten bis zum hinteren Teil, bei welchem ein Wohnhaus das Gartenareal begrenzt. An der Wand liest man die Jahreszahl 1869 und das Wort *Kinderhus*. Hier waren die Kinder der Missionsleute untergebracht, denn sie hatten ihre Schulzeit in Basel zu verbringen, während Vater und Mutter in Afrika oder Indien weilten und für die Mission im Einsatz waren. Die Kinder wohnten in diesem Internat streng nach Geschlecht getrennt, auch die Geschwister. Ihre Eltern sahen sie oft jahrelang nicht wieder.

Hier im Knabenhaus weilte auch der kleine Hermann Hesse einige Monate, denn die Eltern hatten grosse Mühe mit seiner Erziehung und sein heftiges Temperament bereitete ihnen viel Sorgen. In jener Zeit befürwortete man die strengen, pietistischen Erziehungsmethoden, es galt das Prinzip, dass man den Kindern den Willen brechen müsse, denn von Natur aus sei des Menschen Wille böse. Für einen aufgeweckten, temperamentvollen Knaben wie Hermann Hesse bedeutete diese Erziehung eine grosse Qual mit vielen Strafen. Als er einmal mit Steinen warf und die Mutter mit ihm schimpfte und ihm erklärte, wie gefährlich das Steinewer-

Hermann Hesse im Kinderhaus der Basler Mission (vorderste Reihe, Dritter von rechts). Mutter Hesse schreibt: *Er hielt sich dort brav, aber bleich und mager und gedrückt kam er heim.*[7]

fen sei, entgegnete er: *Aber gelt, Mama, der David ist doch lieb gewesen, wo er den Stein geworfen hat?*[8] Heutzutage würde man sich amüsieren über diese biblische Argumentierung und vielleicht sogar stolz anfügen, wie passend zum Missionshausgeist sie der kleine Kerl anwendet – damals hingegen galt es als vorlaut und frech. Die Eltern Hesse fühlten sich oft überfordert und beschlossen schliesslich, den Sechsjährigen einige Zeit ins Knabenhaus zu geben. Mutter Hesse hielt im Tagebuch fest:

Mit Hermännle, dessen Erziehung uns so viel Not und Mühe macht, geht es nun entschieden besser. Vom 21. Januar bis 5. Juni war er ganz im Knabenhaus und brachte bloss die Sonntage bei uns zu. Er hielt sich dort brav, aber bleich und mager und gedrückt kam er heim. Die Nachwirkung war entschieden eine gute und heilsame, er ist jetzt viel leichter zu behandeln.[9]

Es bereitet heute Mühe, diese Erziehungsmethoden zu verstehen, auch Hesse äusserte sich später dazu: *… denen ich einst beinahe erlegen wäre: der Schule, der Theologie, der Tradition und Autorität.*[10]

Vom Missionshaus zum Spalentor

Wir spazieren zurück, verlassen das Areal des Missionshauses, wenden uns nach rechts und erblicken vor uns ein eindrückliches Stadttor, das Spalentor. Es steht etwas isoliert in der Landschaft, denn die dazugehörende Stadtmauer wurde Mitte des 19. Jahrhunderts abgerissen. Auch der kleine Hermann Hesse hat sie nicht mehr gesehen, aber er erlebte eine rege Bautätigkeit im Quartier. Die Jahre seines Aufenthalts in Basel waren geprägt von rigorosen Massnahmen, die von der Regierung getroffen werden mussten, um mit dem Bevölkerungswachstum Schritt halten zu können. Die starke Zunahme der Einwohnerzahl erforderte eine immense Bautätigkeit. Man riss die Stadtmauern nieder, um einen ungehinderten Übergang zu neuem Wohnraum auf den freien Grünflächen ausserhalb der Mauer zu schaffen. Zwischen dem Spalentor und dem Steinentor wurde ein Wohnviertel förmlich aus dem Boden gestampft. Diese neu erstellten Häuser bezogen meist Familien der Mittelschicht, während in der Innerstadt die Fabrikarbeiter weiterhin dichtgedrängt hausen mussten.
Zu jener Zeit führte hier noch keine Tramlinie durch. Aber das wuchtige mittelalterliche Spalentor, mehr als 40 Meter hoch, machte gewaltigen Eindruck auf den kleinen Hermann. Mit seinen beiden Rundtürmen und den Zinnen, dem reichen Figurenschmuck, dem Fallgatter und den ein-

Das Spalentor (14. Jh.). *Ein Bogen Papier so gross wie das Spalentor,* wünschte sich der achtjährige Hermann.[11]

zelnen, spitzen Pfählen und mächtigen Torflügeln imponierte ihm das Bauwerk sehr. Das Vorwerk mit den vielen lustigen Figuren regte seine Fantasie ebenfalls an. Ein Bogen Papier so gross wie das Spalentor, wünschte sich der achtjährige Hermann auf seinem Weihnachtswunschzettel.

Vom Spalentor zur Peterskirche

Allmählich lernte ich, namentlich auf Sonntagsspaziergängen mit meinem Vater, auch die innere Stadt näher kennen, den Rhein, die Fähre beim Blumenrain und die Brücken, das Münster und die Pfalz ...[12]

Um ins Stadtzentrum zu gelangen, überqueren wir vor dem Spalentor das Tramgeleise und spazieren danach durch den Botanischen Garten der Universität, eine stimmungsvolle, stille Oase mitten im Verkehrsgewühl. Der Garten wurde nach 1868 anstelle eines Friedhofs angelegt, welcher zuvor einige Jahrzehnte der Petersgemeinde gedient hatte. Die verschiedenen Gewächshäuser lohnen einen Besuch, ebenso ein kleiner Halt zwischen den alten Bäumen und blühenden Pflanzen, um sich umzusehen und den spannenden Blick auf die unterschiedlichen Bauten der Universitätsbibliothek zu geniessen.
Unser Spaziergang führt nun zum Petersplatz mit seinen alten, hohen Bäumen, in deren Schatten wir eine kleine Ruhepause auf einem der vielen Bänke machen. Während wir den Blick zur Peterskirche wandern lassen, soll ein kleines Erlebnis, das mit dieser Kirche verbunden ist, Erwähnung finden. Hesse erzählt es im *Hermann Lauscher*:

Der Knabe Hermann ist beim Dunkelwerden unterwegs, zusammen mit zwei älteren Mädchen und deren Brüderlein. Eines der Mädchen erzählt nun die schauerliche Geschichte der Glocke Barbara, welche beim Abendläuten stets anklagend den Namen einer ruchlos erschlagenen Barbara rief. Die Mörder wollten sie zum Schweigen bringen, stahlen eines Tages heimlich die Glocke und vergruben sie. Als aber die Zeit des Nachtläutens kam, begann die Glocke tief aus der Erde heraus erneut den Namen Barbara zu rufen. Während das Mädchen diese Geschichte erzählte, regte sie den fantasievollen Hermann schrecklich auf und er stellte sich die schauerlichen Glockentöne aus dem tiefen Erdreich intensiv vor:

Blick vom Botanischen Garten auf den älteren Gebäudeteil der Universitätsbibliothek (Seitenflügel 1913, Architekt Emanuel La Roche). Hier schrieb Hesse im Winter 1925 an seinem *Steppenwolf: ... namentlich in der Universitätsbibliothek, wo ich fast täglich sitze und arbeite, trotz ganz verfluchter Augenschmerzen.*[13]

So stieg mein Schauergefühl mit jedem Wort der Erzählung, bis mir die Zähne klapperten. Als aber nach eben beendeter Geschichte auf Sankt Peter die Abendglocke zitternd anschlug, liess ich in rasender Angst die Hand des kleinen Jungen fahren und rannte, von der ganzen Hölle gehetzt, in die Nacht hinein, stolperte, stürzte und wurde keuchend und zitternd heimgebracht ...[14]

Nach diesem Erlebnis, bei welchem die Glocke der Peterskirche eine wesentliche Rolle spielt, treten wir nun in diese Kirche ein und benutzen den ruhigen Ort, um uns mit Hesses weiteren Jugendjahren zu beschäftigen.

Und mit neun Jahren, an meinem Geburtstage, schenkten mir meine Eltern eine Geige. Von diesem Tage an ist das hellbraune Geiglein auf allen Fahrten mit mir gegangen, viele Jahre lang, und von diesem Tage an hatte ich ein Abseits, eine innere Heimat, eine Zuflucht, wo seither unzählige Erregungen, Freuden und Kümmernisse sich versammelten.[15]

Dieser 9. Geburtstag war der letzte, den Hesse noch in Basel feiern konnte, denn kurz danach musste die Familie die Stadt verlassen und nach Calw zurückkehren. Obwohl Vater Hesse unterdessen das Basler Bürgerrecht erworben hatte, blieb ihm keine andere Wahl, denn er wurde im Verlag seines betagten Schwiegervaters dringend gebraucht. Der kleine Hermann musste alle seine Spielkameraden und seine geliebte Schützenmatte verlassen, auch die ganze vertraute Umgebung, und das Baseldeutsch wieder verlernen. Schweren Herzens zog die Familie von Basel weg. Die Mutter schrieb in christlicher Demut:

Basel mit seinem lebendigen, anregenden Treiben, dem köstlichen Kreis unserer Missionsfreunde, unser sonniges, heimeliges Logis, unsere liebe Nachbarschaft zu verlassen, fällt mir wohl schwer (...). Wir lassen uns führen und sind still.[16]

Die Peterskirche vom Petersplatz her gesehen.

Die Jahre dazwischen

Das beschauliche, schwäbische Städtchen Calw, der Fluss mit der Brücke und der Kapelle darauf, die eng beieinander liegenden Häuser, die versteckten Winkel sowie die verschiedenen, alteingesessenen Bewohner, mit denen man plauderte, findet man in Hesses *Unterm Rad* und *Peter Camenzind* geschildert. Auch seine Schulerlebnisse, die ihn immer wieder an seine Grenzen brachten, bilden den Inhalt der erwähnten Werke. Hesse litt während seiner Schulzeit unter heftigen Konflikten mit den Lehrern und den Eltern. Später meinte er rückblickend:

Ich brauchte nur das «Du sollst» zu hören, so wendete sich alles in mir um, und ich wurde verstockt.[17]

Trotzdem schaffte es Hesse, ins theologische Seminar von Maulbronn aufgenommen zu werden, das nur den besten württembergischen Schülern offen stand. Hier wurden sie unentgeltlich zu Theologen ausgebildet. Es war für die mit der Missionswelt verbundenen Eltern selbstverständlich, dass sich ihr Sohn der Theologie zuwenden würde. Um am Seminar Maulbronn studieren zu können, musste aber noch die Einbürgerung veranlasst werden, und somit verlor Hermann Hesse sein Basler Bürgerrecht und wurde 1890 deutscher Staatsangehöriger.

Auch in Maulbronn eckte Hesse mit seinem rebellischen Charakter immer wieder an, vor allem, weil nun eine heftige Pubertät einsetzte. Er protestierte gegen alles Totalitäre. Sein Widerstand gegen das Sätzchen «Du sollst» kennzeichnete auch seinen weiteren Lebensweg. Oft trug diese Charaktereigenschaft dazu bei, dass er sich unglücklich fühlte, auch wenn er später betonte: *Eigensinn macht Spass*. Für den Schüler Hesse begann sich herauszukristallisieren, dass er keineswegs Pfarrer, sondern Dichter werden wollte. Ausgelöst worden war dieser Wunsch von einem Hölderlin-Gedicht, das Hesse mit zwölf Jahren in einem Schulbuch gelesen hatte.[18]

Nach sieben Monaten flüchtete Hesse schliesslich aus dem Seminar. Die Schule war ihm zu eng und unerträglich geworden, und er war körperlich und seelisch in einer schweren Krise. Erst 24 Stunden später wurde er aufgegriffen. Die verzweifelten Eltern brachten ihn zu einem strengen Erzieher in eine Anstalt. Die erhoffte Besserung blieb jedoch aus. Im Gegenteil, der 15-jährige Hesse äusserte in einem Brief ernsthafte Suizidgedanken und beendete den Aufenthalt nach kurzer Zeit mit einem missglückten Selbstmordversuch. Dazu beigetragen hatte wohl auch noch eine unerfüllte erste Liebe.

Nun geriet der junge Hesse in noch strengere Verhältnisse, denn er wurde für drei Monate in eine Nervenheilanstalt gesteckt. Hier fühlte er sich nun von allen Menschen verlassen. Seine verzweifelten Briefe aus der Heilanstalt zeigen aber trotzdem einen ungebrochenen Willen gegenüber den pietistischen Vorstellungen:

Meine letzte Kraft will ich aufwenden, zu zeigen, dass ich nicht die Maschine bin, die man nur aufzuziehen braucht ...[19]

Eine Reise nach Basel im Oktober 1892, bei welcher er wieder im Knabenhaus der Basler Mission übernachtete, brachte eine Beruhigung in die verfahrene Situation. Lange Spaziergänge durch die Stadt, Besuche in der Kunstsammlung und verschiedene Treffen mit alten Bekannten eröffneten ihm neue Gedanken und Freiheiten, obwohl die Pubertätszeit noch nicht überstanden war. Er trug auch seinen Wunsch, Dichter zu werden, weiterhin stets mit sich; in seinen Briefen drückte er sich entsprechend aus:

Der wunderschöne alte Rhein imponiert mir mit seiner majestätischen Grösse, seinen rauschenden, silbernen Wellen und seinem hellen, durchsichtigen Grün. Die grossen, schönen Brücken, die vielen mittelalterlichen Gassen, die alten Häuser, alles macht einen schönen, freundlichen Eindruck. Das Basler Deutsch habe ich allerdings total verlernt.[20]

Nach Hermanns Rückkehr einigte man sich darauf, dass er nun ein Schuljahr anhängen und den Schulabschluss der Obersekundarschule machen solle. Danach folgten Versuche mit Lehrstellen, unter anderem mit einer Schlosserlehre bei einem Turmuhrbauer. Diese Lehre entsprach zwar nicht Hesses Fähigkeiten, half aber, seine Pubertätskrise zu überwinden. Schliesslich konnte Hesse eine dreijährige Buchhändlerlehre zum Abschluss führen; er hatte sich dazu durchgerungen, um endlich seine Selbstständigkeit zu erlangen und von den Eltern unabhängig sein zu können. Seinen Wunsch, Dichter zu werden, hatte er aber nicht aus den Augen verloren; neben der Ausbildung befasste er sich mit ersten Schreibversuchen und las sehr viel.

Nach Abschluss der Lehrzeit konnte Hesse nun seinen Lebensweg selbst bestimmen, und er *hatte keinen andern Wunsch, als nach Basel zu kommen.*[21] Er suchte und fand eine Stelle und kam nun zum zweiten Mal für einen mehrjährigen Aufenthalt nach Basel. Um diese Zeit zu verfolgen, verlassen wir nun die Peterskirche, wenden uns nach links und spazieren durch die Stiftsgasse bis zum Haus Nr. 5.

Die Drachen der Wettsteinbrücke

Als Knabe liebt insonderheit
Ich unsern Ritter Jürgen,
Der vorne an dem Münster reit,
Den Drachen zu erwürgen.

Doch da ich euch zuerst gesehn
Mit Flügeln schroff geschwungen,
Musst ich bekümmert zugestehn:
Die hätt er nicht gezwungen.[22]

Einer der vier Basilisken, die zur Zeit Hesses die Wettsteinbrücke zierten.

Die zweiten Basler Jahre (1899–1904)

Von der Stiftsgasse zum Fischmarkt

Nachdem es Hesse gelungen war, bei der Reich'schen Buchhandlung an der Freien Strasse eine Stelle zu finden, kam er im Alter von 22 Jahren mit den Werken Nietzsches und einer Reproduktion der «Toteninsel» von Böcklin im Gepäck in Basel an[23] und bezog ein erstes Zimmer an der Eulerstrasse Nr. 18:
In Basel mietete ich eine Vorstadtbude, packte meine Habe aus und begann zu arbeiten; es freute mich, in einer stillen Stadt zu leben, wo kein Mensch mich kannte.[24]

In jenen Jahren war es nicht einfach, in der Stadt ein anständiges Zimmer mieten zu können. Seit Beginn des 19. Jahrhunderts hatte die Bevölkerung stetig zugenommen, verdoppelte sich praktisch alle 25 Jahre, und die zugewanderten Leute, meist Industriearbeiter, hausten dichtgedrängt in der Innerstadt in teilweise erbärmlichen Unterkünften. Hesse wohnte während seiner nun folgenden fünf Basler Jahre an sieben verschiedenen Orten, meist am Rande der damaligen Stadt und jeweils nur für einige Monate. Die Stiftsgasse 5, vor der wir nun stehen, war seine fünfte Station, er bewohnte hier ein Zimmer von Oktober 1901 bis Juli 1902.

Die nun folgenden Basler Jahre darf man als Reifejahre ansehen. Die Zeit der Pubertät lag nun hinter ihm und sein Wunsch, Dichter zu werden, als leuchtendes Ziel vor ihm. Die Stadt mit ihren vielen kulturellen Möglichkeiten, den Konzerten und der Kunstsammlung, aber auch die Bekanntschaften mit vielen Persönlichkeiten, bot Hesse mannigfache Gelegenheit, sich zu entfalten. Dank der Beziehungen, die sein Vater früher in Basel gepflegt hatte, fand Hermann Hesse auch rasch Anschluss an Kreise der Basler Gesellschaft. Dazu gehörte vor allem die Pfarrfamilie La Roche und das Haus des Staatsarchivars Rudolf Wackernagel. Rudolf Wackernagel selbst berichtete von diesen Abenden mit Hermann Hesse:

Ein anderer kleiner Zirkel aber bildete sich zur Zeit des Rathaus- und Archivbaues gegen Ende der 90er Jahre, worin dessen junger Meister, der lebensfrohe Rheinländer H. Jennen, und neben ihm der werdende Dichter und damalige Buchhändler Hermann Hesse den Ton angaben.[25]

Stiftsgasse 5. *Dass mir's hier wohl ist, weisst du. Auch dass Basel, wenn nicht seinen Stil, so doch seine ganz eigentümliche Stimmung hat. In Stadt und Volk ist ein ganz köstlicher Schatz von solider Tradition, teils als Geld, teils als äussere Erscheinung, teils und vor allem als Erziehung.*[26]

Neben seiner Tätigkeit als Buchhandlungsgehilfe verschaffte sich Hesse kleinere Zusatzverdienste mit Artikeln und Rezensionen für verschiedene Zeitungen, auch für die «Basler Nachrichten». Er besuchte regelmässig die Kunstsammlung, hörte sich Konzerte an und las enorm viel. Er unternahm aber auch Wanderungen oder Ausflüge zusammen mit Heinrich Jennen, mit welchem er von Oktober 1899 an während eines halben Jahres eine Wohnung an der Holbeinstrasse 21 teilte:

Wir haben in den elsässischen und badischen Wein- und Spargeldörfern manche Schlemmerei veranstaltet, im Storchen Billard gespielt und in der Wolfsschlucht, welche damals noch ein kleines, stilles Weinstübchen war, sowie im Helm am Fischmarkt ...[27]

Den erwähnten *Storchen* und den Fischmarkt wollen wir als nächstes Ziel ins Auge fassen. Wir spazieren weiter, machen aber einen kurzen Halt an der Ecke, um den herrlichen Engel an der Hauswand des *Engelhofs* eingehend zu betrachten – Hesse wird ihn auch angesehen haben – wenden uns nun nach links und steigen danach die Treppen des Totengässleins hinunter. Im Tal angekommen, spazieren wir nach links und gelangen bald zum Fischmarkt mit seinem grossartigen gotischen Brunnen.

Der Fischmarkt gehörte zu Hesses bevorzugten Orten, an denen er sich abends gerne zerstreute. Einerseits im *Storchen*, welchen er zum Billardspielen aufsuchte (heute durch einen modernen Bau ersetzt), und andererseits im *Restaurant Helm*, das leider nicht mehr steht und durch ein Kleidergeschäft ersetzt worden ist. Hesse besuchte diese Gasthäuser auch später als bestandener Mann von knapp 50 Jahren, als er am *Steppenwolf* schrieb. Das *Restaurant Helm* wird im Roman *Stahlhelm* genannt:

In solcher Stimmung also beschloss ich diesen leidlichen Dutzendtag bei einbrechender Dunkelheit. Ich beschloss ihn nicht auf die für einen etwas leidenden Mann normale und bekömmliche Weise, indem ich mich von dem bereitstehenden und mit einer Wärmflasche als Köder versehenen Bett einfangen liess, sondern indem ich unbefriedigt und angeekelt von meinem bisschen Tagewerk voll Missmut meine Schuhe anzog, in den Mantel schlüpfte und mich bei Finsternis und Nebel in die Stadt begab, um im Gasthaus zum Stahlhelm das zu trinken, was trinkende Männer nach einer alten Konvention «ein Gläschen Wein» nennen.[28]

Das Restaurant Helm am Fischmarkt. ... *mein Weinlokal während meiner 2 Basler Winter um 1924 war der Helm am Fischmarkt, im Steppenwolf Stahlhelm, der auch längst nicht mehr steht.*[29]

Vom Fischmarkt zum Marktplatz

Hesses Arbeitsstelle, die Reich'sche Buchhandlung, befand sich an der Freien Strasse. Um dorthin zu kommen, nehmen wir nun den Weg, der entlang der Tramgeleise aufwärts führt und gelangen nach wenigen Metern zum Marktplatz und zum Rathaus.

Diesem markanten Bau widmete Hesse eine eigene Erzählung: *Das Rathaus*. Es geht dabei um die umstrittene Vergrösserung des Gebäudes, denn Hesses Mitbewohner Heinrich Jennen war als Architekt für das Errichten der neuen Rathausteile zuständig. Jennen verbrachte mit Hesse zusammen nicht nur die Abende bei Staatsarchivar Wackernagel und zog mit ihm durch die Elsässer und Markgräfler Dörfer und Weinlokale, er erzählte ihm dabei auch von den grossen Diskussionen, die der Vergrösserung des Rathauses vorangegangen waren.

Wenn wir uns vor das Rathaus stellen, so erblicken wir den älteren, mit bemerkenswerten Gemälden und einem goldenen Türmchen versehenen mittleren Teil. So präsentierte sich das Rathaus während 300 Jahren der Bevölkerung, bis um 1900 eine Erweiterung ins Auge gefasst wurde. Die dem gotischen Stil des mittleren Teils angepassten Anbauten sehen wir einerseits links – es ist der Teil mit dem Erker, an welchem Vögel goldene Trauben picken – sowie andererseits den hohen Turm rechts, dessen Errichtung besonders umstritten war. Der Entwurf stammte von Jennen, der als Mitarbeiter des zuständigen Architekturbüros Vischer & Fueter für den Rathauserweiterungsbau eingesetzt war. Mit dem Turmanbau kam das Projekt deutlich teurer zu stehen als ursprünglich vorgesehen. Das führte nach gut schweizerischer Tradition zu einer Volksabstimmung, bei welcher 1899 die Basler Bevölkerung der Erweiterung mit dem Turm deutlich zustimmte. In einem Brief an seine Eltern notierte Hesse:

Jennen sehe ich leider jetzt wenig; sein Rathaus geht mächtig vorwärts und nimmt ihn in Anspruch. Die Gegner seines Planes (mit Turm) erhoben neulich ein grosses «Das kommt davon», als ihm ein Arbeiter vom Turmgerüste stürzte.[30]

Hesses Erzählung *Das Rathaus* wurde von den Vorkommnissen rund um die Abstimmung inspiriert; Jennen wird darin «Niklas» genannt, Hesse selbst tritt unter dem Namen «Veit» in Erscheinung, und man findet darin Worte, welche an Aktualität nichts eingebüsst haben:

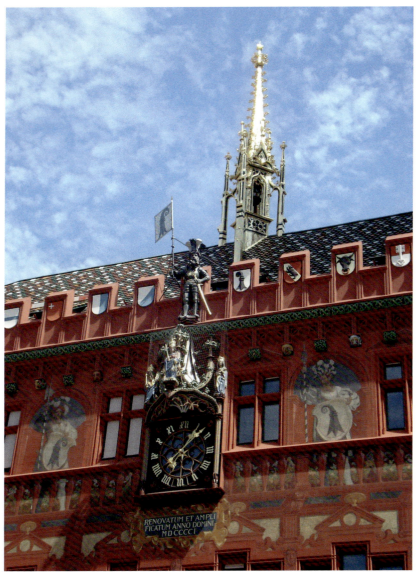

Rathaus. *Ein warmer Vormittag glänzte über der tätigen Stadt. Im Rathaus meisselte, zimmerte und stäubte die zahlreiche Arbeiterschaft emsig durcheinander.*[31]

Ich sah die sparsamen Alten Bauziffern abwägen, ich sah die Parteien Günstlinge vorschieben und sah Handwerker und Halbkünstler feilschend und gierig sich um den grossen Auftrag reissen. Alle Interessen waren flüssig: Das des Geldes, des Geizes, der Parteien, des Brotneides, nur nicht das der Kunst und der Liebe.[32]

Den Marktplatz erlebte Hesse während seiner zweiten Basler Zeit als grosse Baustelle, denn abgesehen vom Rathaus wurden auch viele der Häuser neu errichtet oder umgebaut. Da man Ende des 19. Jahrhunderts den Platz vergrössert hatte, lag nun das Rathaus in der Mitte der Längsseite. Die neuen Proportionen des Platzes erforderten Anpassungen der Häuser. Viele jener neuen Bauten umrahmen ihn auch heute noch: bei eingehender Betrachtung entdeckt man einige interessante Fassaden im Historismus und Jugendstil.

Vom Marktplatz zur Freien Strasse

Wir wenden uns nun der Freien Strasse zu, spazieren langsam den verschiedenen Häusern mit ihren Geschäftsauslagen entlang, vorbei am prächtigen Zunfthaus zum Schlüssel, bis wir zum gepflegten Haus Nr. 40 gelangen, dem Haus *zum Rosenfeld*. Es wurde 1892 vom Basler Architekten Emanuel La Roche errichtet.[33] Im ersten Stock in der Mitte entdeckt man ein Wappen der deutschen Buchhändler (Buch, Fackel, Merkurstab und Pegasus) mit dem Wahlspruch des damaligen Besitzers Rudolf Reich, einem Spruch, der in Basel auch sonst sehr beachtet wird: *Non videri sed esse* (nicht scheinen, sondern sein).

In diesem Haus befand sich nun die Reich'sche Buchhandlung, in welcher Hesse als Sortimentsgehilfe tätig war. Mit Hesse zusammen arbeiteten fünf Kollegen in der Buchhandlung. Einer davon war Helbing, der das Geschäft später als Helbing & Lichtenhahn weiterführte. Die Arbeit war streng, besonders zur Vorweihnachtszeit und befriedigte Hesse nur beschränkt.

Den Feierabend oder die freien Sonntage verbrachte Hesse oft im Hause Wackernagel oder bei der Pfarrfamilie La Roche. Dort lernte er Elisabeth La Roche kennen und verliebte sich in sie. Er verehrte sie aber nur scheu aus der Ferne, denn Elisabeth war bereits anderweitig vergeben. Im *Peter Camenzind* liest man:

Bleistiftzeichnung der Malerin Maria La Roche, der älteren Schwester von Elisabeth La Roche, in welche Hesse sich verliebte.

Ich ging mehrmals hin, und nach einigen Besuchen traf ich Elisabeth dort wieder. Oh, sie war schön! Sie sah aus, wie ich sie mir als meine Geliebte vorgestellt hatte: schön und glücklich.[34]

Auch im *Hermann Lauscher* kann man Hesses Verehrung für Elisabeth La Roche finden. Im Herbst 1901 erschien dieses kleine Werk bei Reich; es wurde nur in einer kleinen Auflage gedruckt, brachte Hesse aber die Offerte von Samuel Fischer ein, künftig in seinem Verlag Bücher zu publizieren – ein grossartiges Angebot. Die Arbeitsstelle in der Reich'schen Buchhandlung hatte Hesse unterdessen gekündigt und sich auf eine dreimonatige Italienreise begeben. Seine Rückkehr aus dem Süden schildert er im *Peter Camenzind* mit folgenden, auch heute noch gültigen Worten:

Freilich, wenn man von Italien heimreist, ist es immer so. Man pfeift auf die Prinzipien und Vorurteile, lächelt nachsichtig, trägt die Hände in den Hosentaschen und kommt sich als durchtriebener Lebenskünstler vor. Man ist eine Weile im wohlig warmen Volksleben des Südens mitgeschwommen und denkt nun, das müsse zu Hause so weitergehen. Auch mir war es bei jeder Rückkehr aus Italien so gegangen und damals am meisten. Als ich nach Basel kam und dort das alte, steife Leben unverjüngt und unveränderlich antraf, stieg ich von der Höhe meiner Heiterkeit eine Stufe um die andere kleinlaut und ärgerlich herab. Aber etwas vom Erworbenen keimte doch weiter, und seither trieb mein Schifflein durch klare und trübe Wasser nie mehr ohne wenigstens einen kleinen farbigen Wimpel frech und zutraulich flattern zu lassen.[35]

Von der Freien Strasse zum Münsterplatz

Nach der Italienreise fand Hesse im Buch-Antiquariat von Wattenwyl am Pfluggässlein eine neue Stelle als Buchhändler und Antiquar. Das Pfluggässlein zweigt hier als schmales Quersträsschen ab. Zwischen 1904 und 1978 wurden aber viele neue Geschäftshäuser errichtet, sodass es heute einen ganz anderen Anblick bietet als zu Hesses Zeiten.

Hesses Lohn war recht bescheiden, er betrug 110 Franken im Monat, und für seine Unterkunft bezahlte er etwa 25 Franken ohne Mahlzeiten. Er konnte keine grossen Sprünge machen, aber zusammen mit seinen Gedichten und Aufsätzen, die in verschiedenen Zeitschriften veröffentlicht wurden – unter anderem über seine Italienreise – war es ihm möglich, seinen Unterhalt zu bestreiten. Ende des Monats ass er oft im

Freien Strasse 40, die Reich'sche Buchhandlung.
Meine Arbeit ist hauptsächlich das Expedieren der Journale (mir sehr unangenehm), das Führen der «kleinen Kasse» und Lagerordnen, Post frankieren etc.[36]

Restaurant der Schmiedenzunft, wo man für wenig Geld eine warme Mahlzeit erhielt. *Zu Schmieden isst man gut und billig,* dichtete Hesse in seinem Gedicht *Schmiedenzunft.*

Wir gehen wieder ein paar Schritte zurück und steigen die Treppe des Fahnengässleins hoch, das gegenüber der Freien Strasse Nr. 36 zum Münsterplatz hinaufführt, nicht ohne einen Blick auf die Fahnen zu werfen, die auf dem Gitter zu sehen sind, welches das Gässlein überwölbt. Hesse nahm diesen Weg wohl oft unter die Füsse, jedenfalls berichtete er in einem Brief, dass er täglich zum Münsterplatz gehe.

Bald stehen wir auf dem stimmungsvollen Münsterplatz und können auf den Spuren Hesses nicht nur die Türme und das bunte Ziegeldach betrachten, sondern auch das prächtige Münster besichtigen:

Ich liebte es, in Freistunden zum Münster zu gehen und mich durch das Tor zu schleichen, um das Spiel des Organisten zu hören, der stundenlang dort sich seiner Kunst erfreute.[37]

In seinen Briefen liest man auch von Konzerten, welchen er im Münster gelauscht hat, so zum Beispiel der h-Moll-Messe von Bach. Die Musik spielte in Hesses Leben eine grosse Rolle, er liebte besonders Mozart, was vor allem im *Steppenwolf* deutlich zum Ausdruck kommt. Zur Zeit seines zweiten Basler Aufenthaltes zählte er aber Chopin zu seinem Lieblingskomponisten. Seine brillanten Klavierkompositionen mit den schwermütigen Klangfarben entsprachen Hesses Stimmungen:

Aber was für Nietzsche Wagner war, ist für mich Chopin – oder noch mehr. Mit diesen warmen, lebendigen Melodien, mit dieser pikanten, lasziven, nervösen Harmonie, mit dieser ganzen so ungemein intimen Musik Chopins hängt alles Wesentliche meines geistigen und seelischen Lebens zusammen.[38]

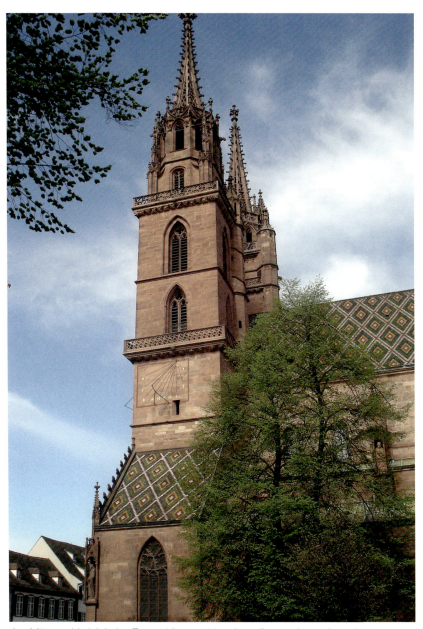

Am Münster bin ich jeden Tag und freue mich neben allem andern naiv an dem glänzenden bunten Bilde, wenn man das farbige Dach und die feinen roten Türme gegen den blauen Mittagshimmel sieht.[39]

Von der Pfalz zur Augustinergasse

Hesse liebte nicht nur besinnliche Stunden, oft nahm er frühmorgens auch gerne ein kurzes, erfrischendes Bad im Rhein, wie er in einem Brief schilderte.[40] Während wir nun zur Pfalz hinter dem Münster spazieren und die Augen in die Weite schweifen lassen oder von der Pfalzmauer einen Blick in die Tiefe zum strömenden Rhein hinunter wagen, ist das folgende reizende Märchen angebracht, das Hesse im November 1899 an Julie Hellmann schrieb, in die er sich noch kurz vor seinem Umzug nach Basel verliebt hatte:

Liebes Prinzesschen!
Soll ich Dir ein Märchen erzählen? – Ja?
Am hellgrünen Rhein in der Stadt Basel wandelte der junge Liedersinger über die herbstliche Pfalz, und der lange Schatten des grossen Münsters fiel über ihn hinweg in den Rhein. Der Sänger war traurig und hatte einen sanften, bleichen Mädchenkopf im Sinn. Um ein einziges Leuchten dieses schönen Gesichtes wäre er von Basel bis ans Ende der Welt und wieder zurück gelaufen.
Er dachte an diesen sanften, bleichen Kopf mit den dunklen Rehaugen. Um einen hellen Blick dieser dunklen Rehaugen wäre er auf die oberste Spitze des Münsterturms geklettert, unter Gefahr Leibes und Lebens.
Er dachte an einen kleinen, roten Mädchenmund. Um ein Liebeswort von diesem roten Mündlein hätte er das Münster und alle Altäre der Heiligen weggegeben.
Er dachte an einen kleinen, roten Mund, - - - um einen Kuss von diesem Munde wäre er über die grosse Mauer in die Rheintiefe hinuntergesprungen.
Dann hätten ihn die grünsilbernen Rheinwellen fortgetragen und aller Sehnsucht entledigt. Und andre Sänger hätten ein hübsches Märchen daraus gemacht.
Und der Sänger wandelt am grünen Rhein - - etc. siehe erste Seite![41]

Hermann Hesse, 21-jährig: Er schreibt begeistert: *Denken Sie – nach Basel! Das ist ja meine Lieblingsstadt, meine Stadt der Städte, und ausserdem die Heimat Burckhardts und Böcklins.*[42]

Wir nehmen nun den Weg von der Pfalz über den baumbestandenen kleinen Münsterplatz und spazieren nach rechts durch die Augustinergasse weiter, bis wir zum imposanten Museumsbau gelangen, der auf der linken Strassenseite ins Auge sticht. Hier befand sich seit 1849 die grossartige Kunstsammlung der Stadt. Das Museum gehörte zu Hesses bevorzugten Aufenthaltsorten; er konnte sich stundenlang in die Bilder von Böcklin versenken, aber auch alle anderen Kunstwerke beeindruckten ihn tief:

Böcklin hat jetzt einen eigenen Saal mit 12 Bildern. Der Aufenthalt in diesem Böcklinzimmer ist überaus köstlich – Ihr wisst, wie sehr ich Böcklin schon verehrte, ehe ich Originale von ihm kannte – jetzt geht mir das Herz auf vor dieser unerhörten Pracht.[43]

Die Kunstsammlung mit den herrlichen Holbeinbildern und auch die von Hesse besonders geschätzten Böcklinbilder sind unterdessen im Kunstmuseum am St. Alban-Graben untergebracht; von Arnold Böcklin kann man aber hier im Treppenhaus noch Fresken bewundern, die sich Hesse natürlich auch ansah.

Von der Augustinergasse zur Martinskirche

Wir spazieren nun einige Schritte weiter bis zum Basiliskenbrunnen, den Hesse bei seinen vielen Museumsbesuchen sicher auch bemerkte, nehmen hier die Querstrasse und folgen der Martinsgasse. Wir betrachten beim Weitergehen die stattlichen Häuser und die Türen mit den Hausnamen, streifen zwei grossartige Barockbauten, das Weisse und das Blaue Haus, und bleiben schliesslich beim Staatsarchiv stehen, welches linker Hand hinter einem kunstvoll gearbeiteten Gitter zu sehen ist (Martinsgasse Nr. 2). Das Staatsarchiv war zur Zeit Hesses ein eindrücklicher Neubau; es war 1899 fertiggestellt worden und diente dem Staatsarchivar Dr. Rudolf Wackernagel als Arbeitsort. Heute befindet sich im Treppenhaus eine Büste von ihm. Die vielen Besuche bei Wackernagel hatten Hesse den Aufenthalt in Basel besonders angenehm gemacht, sei es bei den Einladungen in sein Wohnhaus oder in den herrlich gelegenen Wenkenhof bei Riehen.

Nach wenigen Schritten sind wir bei der Martinskirche angekommen. Mit dieser Kirche verbindet man heute vor allem herrliche Konzerterlebnisse, aber auch das Einläuten der Basler Herbstmesse. Die Glocke wird immer noch von Hand betätigt. Die seit über 500 Jahren stattfin-

Der kleine Wenkenhof in Riehen (im *Hermann Lauscher* als *Riehenhof* bezeichnet).
Ich war viel spazieren und sonntags immer auswärts, gewöhnlich im Wenkenhof bei Riehen, wo ich immer die freundlichste Aufnahme und einen Stuhl am Abendtisch für mich bereit finde, auch etwa ein Bett zum Übernachten.[44]

dende Herbstmesse scheint auch bei Hesse unvergessliche Eindrücke hinterlassen zu haben, schilderte er sie doch noch im Alter von 60 Jahren in seinen *Basler Erinnerungen* (wobei er das baseldeutsche Wort für die Drehorgelmänner benutzt!):

... war die Messe im Oktober ein grosses Erlebnis mit den Buden und Karussellen, den Moritatengesängen auf dem Barfüsserplatz und den süssen Messmocken und den vielen Örgelimännern, die sich bis in unsere Vorstadt hinaus sehen und hören liessen.[45]

Für Hesse hatte die Martinskirche aber noch eine weitere Bedeutung, denn sein Grossvater mütterlicherseits, Hermann Gundert, war oft Festredner in dieser Kirche beim jährlich stattfindenden Missionsfest. Hesse selbst scheint während seiner zweiten Basler Jahre die Erinnerungen an die Basler Mission ganz ausgeschaltet zu haben, er bemerkte höchstens in einem Brief über die Stadt:

Hier, wo das Frommsein zum guten Ton gehört, werden einem die gewohnten Formen dieses Frommseins oft zu viel.[46]

Bevor wir weitergehen, wollen wir nun das Ende seines zweiten Basler Aufenthaltes betrachten, der mit der Heirat Hesses seinen Abschluss fand. Ein Fotoatelier der Basler Berufsfotografin Mia Bernoulli an der Bäumleingasse 14 war beliebter Treffpunkt junger Künstler. Auch Hesse zählte zu den Besuchern und im Frühling 1903 unternahm er mit Mia zusammen seine zweite Italienreise. Wenige Wochen nach der Rückkehr verlobten sich die beiden, obwohl Mia neun Jahre älter war als Hesse und die Familie Bernoulli keineswegs einverstanden war mit dieser Verbindung. Ein Jahr später, im August 1904, heirateten sie, verliessen Basel und zogen zusammen nach Gaienhofen am Bodensee.

Die Heirat war möglich geworden, weil Hesse im gleichen Jahr mit der Herausgabe des Romans *Peter Camenzind* einen grossen Erfolg verbuchen konnte. Bereits 14 Tage nach Erscheinen war die erste Auflage vergriffen. In einem Brief an Stefan Zweig schrieb er:

Es lebe Peter Camenzind! Ohne ihn hätte ich nicht heiraten und nicht hierher ziehen können. Er hat mir 2500.– Mark eingebracht, davon kann ich zwei Jahre leben, wenigstens, wenn ich hier bleibe. (...) Meine Hochzeit ging im Galopp. Da der Schwiegerpapa nicht einverstanden ist und nichts von mir will, kam ich dahergereist, solang er gerade nicht in Basel war, dann gings subitissimo aufs Standesamt. Nun grollt der Alte von ferne, scheint aber allmählich sich zu beruhigen. Und nun bin ich ein verheirateter Mann, und mit dem Zigeunern hat es einstweilen ein Ende.[47]

Damit endet der zweite Aufenthalt von Hermann Hesse in der Stadt Basel.

Mia Bernoulli (1868–1963). *Am liebsten lebte sie mit Blumen und Musik und etwa einem Buch um sich, in einsamer Stille [...] Dann wieder strahlte sie so still und fein in einem einsamen Glück, und wer es sah, der fühlte, wie schwer es sei, dieser schönen und seltsamen Frau etwas zu geben und etwas für sie zu bedeuten.*[48]

Die 20 Jahre dazwischen

Von der Martinskirche zum Rheinsprung

Wir spazieren nun das kurze, steile Archivgässlein hinunter, wenden uns nach links und gelangen zu einer kleinen Mauer neben der altehrwürdigen Basler Universität, dem gelbgestrichenen Bau rechter Hand. Von hier aus blicken wir auf den Rhein und die Mittlere Brücke. Wir suchen den Anschluss an den Lebensabschnitt, bei dem Hesses Weg wieder nach Basel führt. Es liegen viele ereignisreiche Jahre dazwischen:

Mia und Hermann Hesse lebten acht Jahre im kleinen, abgelegenen Dorf Gaienhofen am Bodensee. Kontakte mit Basel pflegte Hesse weiterhin, vor allem schrieb er Briefe an die Familie des Staatsarchivars Wackernagel:

Sie werden sehen, dass ich an Basel und an Ihr Haus viel und dankbar denke. Leider ist mir seither manches abhanden gekommen, was damals das Leben froh und leicht machte, aber ein Rest ist noch vorhanden, und vor allem wird mir das Andenken an jene Jahre nicht blasser, sondern gewinnt mit der Zeit eine leise Verklärung. Damals langte ich noch nach allen Sternen und wollte die ganze Welt in mich aufnehmen, und jetzt sehe ich mehr und mehr, wie wenig man erfassen und sich recht zu eigen machen kann.[49]

In Gaienhofen wurden ihre drei Söhne Bruno, Heiner und Martin geboren. 1911, kurz nach der Geburt seines jüngsten Sohnes, unternahm Hesse eine dreimonatige Reise nach Indien und Malaysia. Indienreisen waren in jener Zeit in Mode. Die Reise bedeutete für Hesse aber wohl auch eine Flucht, ein Ausbrechen aus der Enge seiner familiären Verhältnisse. Bei der Wahl des Reiseziels spielte vielleicht auch die Vergangenheit seiner Vorfahren eine Rolle, weilten doch Vater und Mutter und die Grosseltern als Missionare in Indien. Zusammen mit dem Maler Hans Sturzenegger bereiste Hesse Ceylon, Malaysia, Singapore und Sumatra.

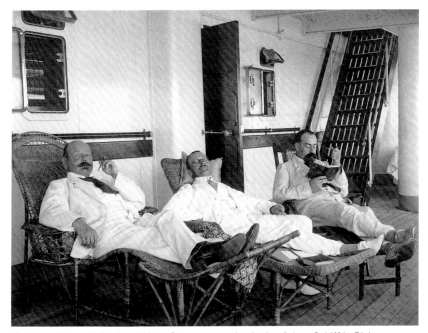

Hermann Hesse (Mitte) und Hans Sturzenegger (rechts) auf dem Schiff in Richtung «Indische Länder», 1911.

Bald nach seiner Rückkehr zog Hermann Hesse mit der Familie nach Bern. Aber die familiäre Situation, welche anfänglich durchaus glücklich verlaufen war, wurde komplizierter. Hesse empfand immer mehr den Zwiespalt zwischen seiner Sehnsucht nach einem freien Künstlerdasein und dem Angebundensein an die Familie, seine Frau und die drei Kinder. In einem Brief an seinen Vater über die Erzählung *Rosshalde*, einem Eheroman, meinte er:

Die unglückliche Ehe, von der das Buch handelt, beruht gar nicht nur auf einer falschen Wahl, sondern tiefer, auf dem Problem der Künstlerehe überhaupt, auf der Frage, ob überhaupt ein Künstler oder Denker (...) zur Ehe fähig sei.[50]

Es folgten die turbulenten Jahre des Ersten Weltkrieges. Hesse leistete seinen Einsatz für die deutsche Kriegsgefangenenfürsorge. Er litt unter den Geschehnissen und versuchte mit Aufsätzen und Zeitungsartikeln dieser Besorgnis Ausdruck zu verleihen. Als deutscher Staatsbürger wurde er daraufhin als Nestbeschmutzer und Drückeberger denunziert, und bald wurde ihm *alles Schreiben mit politischem Einschlag verboten, da ich dem Kriegsministerium unterstehe.*[51] Er veröffentlichte daher unter dem Pseudonym Emil Sinclair seine zeitkritischen Artikel und behielt den Decknamen auch für sein Werk *Demian* bei.

1916 erkrankte der jüngste Sohn Martin an Gehirnhautentzündung und musste monatelang gepflegt und umsorgt werden. Die Angst um den kleinen Sohn und die Belastung durch die Kriegsereignisse und schliesslich noch der Tod seines Vaters und die ersten Anzeichen einer depressiven Krankheit bei Mia, belasteten Hesses Nerven aufs Äusserste. Mia musste schliesslich mit der Diagnose Schizophrenie in eine Heilanstalt gebracht werden; auch Hesse begab sich in psychiatrische Behandlung bei einem Schüler von C. G. Jung[52]. Er machte sich schwere Gedanken über Mias Erkrankung, denn es war ihm bewusst, dass er als Künstler und Dichter in erster Linie für sein Werk gelebt hatte:

Letzte Ursache ist natürlich die Ehe und die Erkenntnis, dass es gewagt und nicht gut war, einen Mann zu heiraten, der für anderes bestimmt und begabt war.[53]

1919 löste Hesse schliesslich den Berner Haushalt auf, da keine Hoffnung auf eine baldige Besserung von Mias Gemütsverfassung bestand. Die Kinder, 14, 10 und 8 Jahre alt, wurden bei befreundeten Pflegeeltern und im Internat untergebracht. Hesse selbst zog nun ins Tessin, um in Montagnola einen Neuanfang zu wagen, und hoffte, dass er *allein und in vollkommener Stille von vorn beginnen könnte.*[54] Hesse fand eine kleine Wohnung in einem alten Palais, der Casa Camuzzi, wo ihn eine ältere Witwe aus dem Dorf versorgte, den Haushalt in Ordnung hielt und für ihn kochte. Er stürzte sich in seine Arbeit und entdeckte das Malen und das Wandern als willkommenen Ausgleich. Seine Arbeitswut war gepaart mit Verzweiflung und den Gedanken an seine Kinder, trotzdem war er überzeugt, richtig gehandelt zu haben:

Ich wollte sein, was ich nicht war. Ich wollte zwar ein Dichter sein, aber daneben auch ein Bürger. Ich wollte ein Künstler, ein Phantasiemensch sein, dabei aber auch Tugend haben und Heimat geniessen. Lange hat es gedauert, bis ich wusste, dass man nicht beides sein und haben kann.[55]

Hermann Hesse, Rotes Haus, Aquarell auf Papier, 1928.
Aber das Malen ist wunderschön, es macht einen froher und duldsamer. Man hat nachher nicht wie beim Schreiben schwarze Finger, sondern rote und blaue.[56]

... und nochmals Basel (1924/25)

Vom Rheinsprung zum Käppelijoch

Wir spazieren weiter, entlang der reizenden gotischen Fachwerkhäuschen abwärts, bis wir beim letzten kleinen Haus links vor der Treppe des Elftausendjungfern-Gässli einen Halt machen und durch die Fenster ins Innere einer mittelalterlichen Schönschreibstube blicken können. Man entdeckt verschiedene Federhalter und farbige Tinten und in der Ecke einen alten Ofen.

Das Schreiben von Hand mit Feder und Tinte ist in der heutigen Zeit der Kugelschreiber und Computer fast nicht mehr nachvollziehbar, und auch nicht, welche Mühe es früher bedeutete, ein Buch zu schreiben. Auch Hermann Hesse notierte seine Entwürfe und Manuskriptseiten immer zuerst von Hand; erst danach brachte er alle seine Werke auf seiner Schreibmaschine, einer «Smith Premier No. 4» aus dem Jahr 1908, ins Reine:

Die Sachen sahen in der Handschrift oft weit länger oder kürzer aus, als sie waren. Und leider sahen sie auch besser aus, als sie waren! So ein Manuskript, wenn man es überlas, schaute einen mit der vertrauten Handschrift gar schmeichelnd an wie ein Spiegel die Braut, man fand es recht wohlgeraten oder doch leidlich, auch wenn es arge Mängel hatte. Dagegen die kalte, druckähnliche Maschinenschrift, die schon fast wie ein Korrekturbogen wirkt, sieht einen streng, kritisch, ja ironisch und nahezu feindselig an, ist schon etwas Fremdes, Beurteilbares geworden.[57]

Nach wenigen Schritten abwärts wenden wir uns nun nach rechts und spazieren über die Mittlere Brücke bis zur Kapelle. Die Brücke ist in den Jahren 1903–1905 erbaut worden, während Hesses zweitem Basler Aufenthalt. Über die frühere alte Brücke marschierte Hesse noch als Kind; sie war auf der Grossbasler Seite aus Holz und auf der Kleinbasler Seite aus Stein erbaut.[58] Von dieser ehemaligen Brücke wurde die Kapelle mit ihrem buntglasierten Ziegeldach hinübergerettet. Von ihr aus blicken wir nun zum Ufer von Kleinbasel mit den reizenden, kleinbürgerlichen Häusern, aber auch einigen grösseren Bauten, worunter uns das *Hotel Krafft* besonders interessiert. Hier treffen wir nämlich auf Hesses neuerliche Spuren in Basel, denn in diesem Haus hatte eine junge Frau ein Appartement gemietet, die nun im Leben des Dichters eine grosse Rolle spielen sollte: Ruth Wenger.

Hesses Schreibmaschine «Smith Premier No. 4» von 1908, auf welcher er alle seine Werke ins Reine schrieb. Sie besitzt je eine Tastatur für die Gross- und für die Kleinbuchstaben.

Sie begegneten sich im Tessin. Ruths Eltern – der Fabrikant Theo Wenger und seine Frau, die Malerin und Märchenbuchverfasserin Lisa – besassen in Carona einen Feriensitz. Das Dorf in der Nähe von Lugano liegt etwa zwei Stunden Fussmarsch entfernt von Hesses Wohnort Montagnola. Das bemerkenswerte Haus der Familie Wenger, das mit seiner bemalten Fassade und einem Papagei im Giebel bei Hesse den Namen *Papageienhaus* erhielt, ist mit einem herrlichen, grossen und mit reichen Stuckaturen versehenen Saal ausgestattet. Es war ein beliebter Treffpunkt der Künstler aus nah und fern.

Wenige Wochen nach seinem Umzug ins Tessin im Jahr 1919 weilte Hesse zum ersten Mal als Gast in diesem Haus. Die Begegnung mit der 20 Jahre jüngeren Ruth Wenger, einer Tochter des Hauses, bedeutete für ihn einen Lichtblick nach den schweren Krisenjahren. Ruth verliebte sich auf der Stelle in ihn, und auch Hesse war sehr angetan von der unbeschwerten, jungen Frau. Seine Gedanken fasste er in der Novelle *Klingsors letzter Sommer* in folgende Worte:

Wäre ich zehn Jahre jünger, zehn kurze Jahre, so könnte diese mich haben, mich fangen, mich um den Finger wickeln! Nein, du bist zu jung, du kleine rote Königin, du bist zu jung für den alten Zauberer Klingsor![59]

Nachdem sich Hesse und Ruth Wenger kennengelernt hatten, tauschten sie in den folgenden Monaten Briefe aus. Nach den traurigen Kriegsjahren, der Auflösung seiner Familie, den inneren Kämpfen und der Einsamkeit war Hesse beflügelt vom Neubeginn, hatte aber auch sehr viel zu verarbeiten. Zudem schrieb er zwischen 1919 und 1922 an seinem Roman *Siddhartha*, was ihn voll in Anspruch nahm. Mit dem philosophischen Gedankengut des Ostens hatte er sich seit seiner Indienreise befasst; nun setzte er sich in diesem Werk mit dem religiösen Indien auseinander und schrieb nach seinen eigenen Worten *eine indische Dichtung*. Daneben verfasste er viele Buchbesprechungen und Literaturberichte für verschiedene Zeitschriften, bei denen er als Mitarbeiter tätig war.[60] Ausserdem beschäftigte ihn das Beantworten von zahlreichen Leserbriefen, in welchen Fragen zu seinen Büchern und zu persönlichen Problemen aufgeworfen wurden. Hesse bemühte sich, allen gerecht zu werden und eine persönliche Antwort zu schreiben, wobei er einige Briefe sogar mit einem hübschen Aquarell schmückte. Er hatte auch immer wieder Besuch von einem seiner drei Kinder.

1921: Hermann Hesse mit der 24-jährigen Ruth Wenger (1897–1994) auf dem Balkon der Casa Constanza.

Die anfänglichen Bedenken wegen des Altersunterschiedes zwischen ihm und Ruth Wenger verflüchtigten sich zusehends. 1920, ein Jahr nachdem sie sich kennengelernt hatten, schrieb Hesse nach einem neuerlichen Sommeraufenthalt von Ruth in Carona:

Unser Nachmittag im indischen Farnwald ist die schönste Glücksinsel in diesem ganzen schlimmen Jahr für mich gewesen. In dieser Insel wohnst du, liebe Ruth.[61] *Und die junge Frau antwortete: Ich bin so erfüllt von dir, alles bist nur du, alles singt und spricht nur von dir.*[62]

Das *Hotel Krafft* (rechts), in welchem Ruth Wenger ein kleines Appartement bewohnte und Hermann Hesse im Anbau rechts im Winter 1923/24 während fünf Monaten lebte.

In den folgenden Monaten und Jahren sahen sie sich jeweils über kürzere Zeitspannen, während der Ferienwochen, die Ruth in Carona verbrachte, oder bei einem Wochenende in Delsberg, wo Ruths Eltern lebten, oder bei Hesses Vortragsreisen in Zürich. Sie schrieben sich aber regelmässig und oft. Diese lose Verbindung mit Ruth Wenger schien Hesse gut und richtig. Sie liebten die gleichen Dichter und dieselbe Musik – *Mozart flocht ein immer fester werdendes Band zwischen uns*,[63] – schrieb Ruth 50 Jahre später über diese Zeit. Die Eltern Wenger allerdings stimmten der Beziehung zwischen ihrer Tochter Ruth und dem 20 Jahre älteren Dichter nicht vorbehaltlos zu.

Vom Käppelijoch ins Klingental

Um zum Haus der Eltern Wenger zu gelangen, setzen wir unseren Weg nun in Kleinbasel fort, indem wir nach der Brücke die Tramgeleise überqueren und nach links in die Untere Rheingasse einbiegen. Bald entdeckt man bei einer platzähnlichen Kreuzung linker Hand einen grossen Torbogen, welcher zum Areal des ehemaligen Klosters Klingental führt. Wir gehen hindurch und befinden uns nun in einem reizvollen, vom Verkehr verschonten, stimmungsvollen Ort. Nach wenigen Schritten stossen wir auf das Haus Klingental Nr. 15, mit dem Namen *Bychtigerhus*. Es trägt ihn seit der Klosterzeit, weil hier die Nonnen jeweils bei einem Dominikanerpriester zur Beichte gehen mussten. Hinter der wunderschön verzierten Rosettentüre befindet sich ein winzig kleiner Hof mit einer Sitzgelegenheit – vermutlich warteten hier die Nonnen, bis sie zur Beichte vorgelassen wurden – von dort aus führt eine Treppe zum eigentlichen Hauseingang.

Das Kloster war einige Zeit nach der Reformation aufgehoben worden und die einzelnen Gebäude dienten von da an unterschiedlichen Zwecken. 1924 erwarben die Eltern von Ruth Wenger das stattliche, mit einem imposanten Dach versehene und mit schönen Räumen ausgestattete *Bychtigerhus* und zogen von Delsberg nach Basel um. Sie waren damit näher bei ihren beiden Töchtern. Die eine Tochter, Eva, wohnte im Wiesental und war verheiratet mit dem Arzt Erich Oppenheim. Eines ihrer Kinder wurde später eine berühmte Künstlerin: Meret Oppenheim (1913–1985); sie weilte oft und gerne hier im Haus ihrer Grossmutter. Sehr nahe befand sich auch die andere Tochter Ruth, welche weiterhin im *Hotel Krafft* logierte.

Ruth Wengers Lebenslauf entsprach dem einer Tochter aus gutem Hause. Man legte damals bei der Erziehung vor allem Wert auf eine gute Allgemeinbildung – dazu gehörten die Kenntnisse der französischen Sprache und das Führen eines grossen Haushalts –, aber man zielte nicht darauf ab, dass eine Tochter als Erwachsene einen Beruf ausüben solle.

Ruth wurde 1897 in Basel an der Kaufhausgasse hinter der Barfüsserkirche geboren. Sie wuchs vom 3. bis zum 8. Lebensjahr in Delsberg auf, weil die Eltern dort eine Firma gekauft hatten. Ruth erlebte eine behütete, sorglose Kindheit, zusammen mit ihrer Schwester Eva, einem Gärtner, drei Dienstboten, einer Köchin, einer Putzfrau und einem Chauffeur. Vom 8. Altersjahr an musste sie in Basel die öffentlichen Schulen besuchen und wohnte unter der Woche bei einer Patin. Eine Hirnhautentzündung zwang sie mit 15 Jahren die Schule abzubrechen. Nach ihrer Genesung folgte ein Aufenthalt in Lausanne. Danach erhielt Ruth in Basel Malstunden bei Paul Basilius Barth – der sich sofort in sie verliebte – bis sie sich entschloss, Sängerin zu werden und Gesangsstunden zu nehmen. Durch die finanzielle Unterstützung der Eltern, welche für alle Lebenskosten aufkamen, war Ruth Wenger nicht darauf angewiesen, Geld zu verdienen. Das blieb auch so, nachdem sie Hesse kennengelernt hatte. Als angehende Sängerin mietete sich Ruth zuerst eine Wohnung am Spalentorweg 43, um danach ab 1922 ein kleines Appartement im *Hotel Krafft* zu beziehen. Sie bewohnte es zusammen mit ihren Tieren, die sie alle zärtlich liebte: Hund, Katze und Papagei.

Während Hesse die Verbindung mit Ruth als eine freie Liebesbeziehung unter Künstlern betrachtete, dachten Ruth und vor allem die Eltern Wenger an eine Heirat. In jener Zeit war es gesellschaftlich und moralisch nicht vertretbar, dass eine Frau mit einem Mann näher verkehrte, ohne verheiratet zu sein. Vater Wenger brachte diese Einstellung in einem Brief an Hermann Hesse deutlich zum Ausdruck. Dieser antwortete ihm ebenfalls mit klaren Worten:

Wenn ich nun zur Zeit, von aussen wie von innen gesehen, nicht eine Verheiratung anstreben kann, so weiss ich, dass ich damit die bürgerliche Moral verletze, kann dies aber nicht ändern, da ich einer andern, aber nicht minder heiligen Moral folgen muss – der Stimme in mir selbst.[64]

Das Bychtigerhus, das Wohnhaus der Eltern von Ruth Wenger.

Es sprachen gewichtige Gründe gegen eine Heirat: Einerseits lebte Hesse seit einiger Zeit von Mia getrennt, aber eine Scheidung war bis anhin nicht vollzogen worden, andererseits sprachen auch materielle Überlegungen gegen eine neue Verbindung. Hesse hatte für Mia und die drei Kinder zu sorgen, was ihm in den nun beginnenden Jahren der Inflation nicht leicht fiel. Die Honorare aus Deutschland schrumpften zu einem Nichts zusammen und er war auf die Unterstützung von Mäzenen angewiesen. Hesse bemerkte, dass die wirtschaftlichen Probleme auch mit einer Scheidung nicht aus dem Weg geräumt wären und er sich ausserstande sehe, unter diesen Umständen der jungen Ruth das zu bieten, was sie gewohnt sei. Der Stahlwarenfabrikant Theo Wenger – in seiner Fabrik wurde mit grossem Erfolg das Schweizer Offiziers-Taschenmesser hergestellt – dachte anders darüber und setzte sich schliesslich auch durch. Im Juli 1923 schrieb Hesse in einem Brief an eine alte Freundin:

Jetzt werde ich, ohne es zu wollen, wahrscheinlich bald wieder heiraten. Der Freundin, die mir zwei Jahre auch ohne Aussicht auf Ehe treu war, bin ich es schuldig, ihrer Familie auch, andere Treibfedern sind nicht da, denn die Ehe ist ja nichts, was ich begehre und wozu ich begabt bin, aber das Leben und Schicksal ist hier stärker als meine Gedanken und Wünsche.[65]

Die Heirat wurde am 10. Januar 1924 vollzogen, nachdem Hesse seine Scheidung durchbringen und danach seine Einbürgerung in die Schweiz mit nervenaufreibenden Komplikationen durchstehen musste, was ihm, der jegliche Bürokratie hasste, viel Mühe machte.[66] Die Unkosten der Scheidung, der Hochzeitsfeier und der Einbürgerung übernahm der Brautvater. Noch zwei Wochen vor der Hochzeit meinte Hesse in einem Brief an einen Freund:

Ich vollziehe die Heirat ebenso wenig aus eigener Wahl und in der Absicht, dabei glücklich zu werden, als ich vor einem halben Jahr meine Scheidung mit solchen Gedanken vollzogen habe. Ich heirate ungerne und mit tausend Bedenken, obwohl ich meine Braut sehr liebe, aber ich tue es nicht aus mir heraus und aktiv, sondern indem ich Schicksal erfülle.[67]

Mit solchen Gedanken und Bedenken zu heiraten, waren schlechte Voraussetzungen für eine glückliche Ehe. Schon zwei Monate vor der Hochzeit war Hesse nach Basel gekommen und hatte sich in einem

Zunfthaus zum Schlüssel. Da Hesse kurz vor der Hochzeit an Grippe erkrankt war, feierte man die eheliche Verbindung erst zwei Wochen später im Zunfthaus zum Schlüssel an der Freien Strasse, zusammen mit Othmar Schoeck, den Sängerinnen Ilona Durigo und Maria Philippi und der Schriftstellerin Ines Loos.

angebauten Teil des *Hotel Krafft* in der Rheingasse 18 eingemietet. Es war ein hübsches Biedermeierzimmer mit einem herrlichen Blick auf den Rhein und das Grossbasler Ufer. Er konnte auch direkt in den zweiten Stock des Hotels gelangen, wo Ruths Appartement lag. Man wohnte nicht nur aus moralischen Gründen getrennt, sondern erachtete es als sinnvoll, weil Hesse dadurch ungestört und konzentriert arbeiten und Ruth als Sängerin üben konnte.

Die Aussicht aus allen Fenstern war schöner in einer Stadt nicht zu denken. Wir frühstückten getrennt, mittags assen wir gemeinsam im Speisesaal mit den grossen Fenstern auf den Rhein. Am Nebentisch sass Gustav Knuth, der damals in Basel engagiert war ...[68]

Auch nach der Hochzeit lebten sie weiterhin nebeneinander: Hesse schlief und arbeitete nach wie vor in seiner Wohnung und erschien jeweils zum Mittagessen im Speisesaal und zum Abendessen im Appartement seiner jungen Frau.

Ende März – sie waren knapp drei Monate verheiratet – zog Hesse wieder ins wärmere Tessin. Aber Ruth wünschte weiterhin in Basel zu bleiben, um ihre Gesangsstunden weiterführen zu können. Das war für jene Zeit eine erstaunlich moderne Ansicht einer Frau, denn normalerweise galt für das weibliche Geschlecht das Bibelwort: «Wo du hingehst, da will ich auch hingehen».[69] Ruth war nicht bereit, ihren eigenen Lebensplan aufzugeben und sich als Ehefrau ganz dem Schaffen ihres Mannes unterzuordnen. Es lag aber sicher auch daran, dass Hesse nicht insistierte, denn in der kleinen Wohnung der Casa Camuzzi in Montagnola wäre kein Platz gewesen für die junge Frau und angehende Sängerin. Hesse schätzte seine Einsamkeit und das ungestörte Arbeiten; er lebte zuallererst für seine Dichtung und wollte gerne seine Gewohnheiten beibehalten. So kam es, dass Hesse ins Tessin zog, während seine jung verheiratete Frau in Basel blieb.

Vom Klingental zum *Hotel Krafft*

Wir spazieren nun einige Meter auf demselben Weg zurück, bis wir auf ein kleines Gässchen stossen, das nach rechts abzweigt und mit einigen Stufen zum Rhein hinunter führt. Wir wandern gemütlich den Rheinuferweg flussaufwärts, geniessen den Blick auf die Mittlere Brücke und die markanten Häuser auf dem gegenüber liegenden Rheinufer, bis wir zur herrschaftlich-heiteren Fassade des *Hotel Krafft* gelangen.

Blick auf Grossbasel vom *Hotel Krafft* aus. ... *mittags assen wir gemeinsam im Speisesaal mit den grossen Fenstern auf den Rhein.*[70]

Zur Zeit Hesses diente es als Familienhotel, die meisten Gäste wohnten dauernd dort. Trotz der einmalig schönen Aussicht auf den Rhein, gehörten die Gassen rund um das Hotel zu Beginn des 20. Jahrhunderts keineswegs zu den bevorzugten Wohngegenden der Stadt, im Gegenteil. Die hygienischen Verhältnisse in und um die Rheingasse waren durch den enormen Bevölkerungszuwachs zusehends schlimmer geworden – erst 1918 wurde die Rheingasse an die Kanalisation angeschlossen – und man erwog ernsthaft, die ganze ziemlich heruntergekommene Häuserzeile mit neuen Bauten zu ersetzen. Zum Glück fand dieser Gedanke keine Mehrheit, sodass die schmalen, mittelalterlichen Häuser nach 1930 saniert wurden und das malerische Rheinufer erhalten blieb.

Während Ruth im *Hotel Krafft* lebte und Hesse wieder in Montagnola weilte, blieben die gegenseitigen Besuche spärlich und endeten oft mit einer Enttäuschung, denn Hesse litt nicht nur an Rheuma und Ischias, sondern auch an Kopfweh und Augenschmerzen. Sein Augenleiden – eine hochgradige Kurzsichtigkeit mit beidseitigem Bügelmuskelkrampf – führte schon seit vielen Jahren zu oft unerträglichen Schmerzen bei seiner anstrengenden Schreibarbeit und trübten seine Laune. Aus dem Briefwechsel zwischen Ruth und Hesse kann man schliessen, dass sich ein längeres Zusammensein stets als problematisch erwies und die junge Frau oft enttäuscht aus dem Tessin nach Basel zurückkehrte. Der Ehemann, der ausschliesslich für seine Arbeit lebte und gesellschaftlichen Verpflichtungen gerne aus dem Wege ging, und die wohlbehütete Tochter aus gutem Hause, welche jung war, etwas erleben wollte und gerne ausging, hatten gegensätzliche Wünsche und Vorstellungen. Sie fanden keinen gemeinsamen Weg, obwohl sie es versuchten. Jedes verfolgte eigene Ziele, bei Hesse war es das Schreiben und für Ruth der Gesang. Am 1. Mai 1924 schrieb Hesse an Ruth:

Liebes Herzlein, kleines Kind, nimm deine Stunden und mach deine Übungen, und freue dich dran und betäube dich damit, wie ich es mit meiner Arbeit täglich tue. Aber denke zwischenein daran, dass jedes Festbeissen in einsame Ziele uns Liebende nur noch mehr trennt, dass wir immer wieder probieren und lernen müssen, nicht jeder einsam in seiner Arbeit, sondern beide zusammen zu leben.[71]

Ruth schickte ihrem Mann Mittel gegen seine Schmerzen und war auch dafür besorgt, wieder eine Wohnung für seinen Winteraufenthalt in Basel ausfindig zu machen, aber ein gemeinsamer Alltag kam nicht

Die *Casa Constanza* der Familie Wenger in Carona. *Das Haus schien aber ohne Tor zu sein, nur rosig gelbe Mauer mit zwei Balkonen, darüber am Verputz des Giebels eine alte Malerei: Blumen blau und rot und ein Papagei.*[72]

zustande. Hesse mietete schliesslich eine nette, ruhig gelegene Mansardenwohnung in einem Haus an der Lothringerstrasse 7 in der Nähe des St. Johann-Tors. Er bemerkte selbst mit einem gewissen Erstaunen, dass seine Zimmer sich stets in gutbürgerlichen Häusern befanden, so wie er es im *Steppenwolf* schilderte, den er nun an der Lothringerstrasse zu schreiben anfing:

Ich weiss nicht, wie das zugeht, aber ich, der heimatlose Steppenwolf und einsame Hasser der kleinbürgerlichen Welt, ich wohne immerzu in richtigen Bürgerhäusern, das ist eine alte Sentimentalität von mir. Ich wohne weder in Palästen noch in Proletarierhäusern, sondern ausgerechnet stets in diesen hochanständigen, hochlangweiligen, tadellos gehaltenen Kleinbürgernestern, wo es nach etwas Terpentin und etwas Seife riecht und wo man erschrickt, wenn man einmal die Haustür laut ins Schloss hat fallen lassen oder mit schmutzigen Schuhen hereinkommt.[73]

Ruth meldete Fortschritte im Gesang und freute sich auf das Wiedersehen. Ende November 1924 begleitete sie Hesse auf einer Vortragsreihe nach Süddeutschland und genoss die unbeschwerten Tage, vor allem in Ludwigsburg mit seinem Barockschloss. Dies war nun das abwechslungsreiche Leben, das sie sich als Frau eines Dichters vorgestellt hatte. Ruth sang auch mehrmals vor Publikum und Hesse hörte ihr entzückt zu. Er schrieb seinen Freunden Emmy und Hugo Ball ins Tessin:

Es waren sehr schöne Tage, und Ruth war voll Freude an allem. Jetzt sind wir wieder in Basel, Ruth in ihrem Hotel Krafft, ich an der Lothringerstrasse, und wenn es auch recht trüb und neblig und kalt ist, geht es mir doch anständig, wenn auch nicht ohne Schmerzen (...) Die Abende bin ich immer bei Ruth, wir essen miteinander und ihr Papagei hustet und lacht dazu.[74]

Zurückgekehrt nach Basel, begann der Alltag. Während Ruth froh war, ihre Eltern ganz in der Nähe zu wissen, schätzte Hesse diese enge Familienanbindung nicht sonderlich. Obwohl er seine Ruhe haben und möglichst ungestört an seiner Arbeit, dem *Steppenwolf*, sitzen wollte, sah er es nicht gerne, dass Ruth Unterstützung bei ihrer Familie fand und ihn eigentlich gar nicht brauchte. Sein Bericht über diese Winterwochen klingt recht trocken:

Lothringerstrasse 7, nahe vom St. Johann-Tor. Im Haus Nr. 7 wohnte Hesse im Winter 1924/25: ... *dort, in einer sehr lieben kleinen Mansardenwohnung von 2 Stuben, habe ich die erste Hälfte meines Steppenwolfs geschrieben.*[75]

Also habe ich in Basel, nah beim St. Johannstor, eine nette, stille Mansardenstube für diesen Winter, den ich auf Befehl der gnädigen Frau wieder in Basel zuzubringen habe. Ich wohne in meiner Klause, Ruth in der ihren (...) Und am Abend erscheine ich dann im Appartement der Frau Hesse, finde irgend etwas zum Abendessen bereit, und dann bringen wir den Abend miteinander zu, in Gesellschaft der Katze, des Hundes und des Papageis Koko, der mein Freund ist und mich sehr ans Haus fesselt. Dann gehe ich im Nachtnebel wieder den Rhein entlang in mein Quartier.[76]

Im Februar 1925 – sie waren nun seit einem Jahr verheiratet, aber von einem normalen Eheleben weit entfernt – erkrankte Ruth. Zuerst wurde eine Rippenfellentzündung diagnostiziert; sie entwickelte sich aber im Laufe der folgenden Wochen und Monate zu einer Tuberkulose, die Ruth zu langem Liegen zwang. Sorgsam gepflegt im Hause ihrer Eltern, nahm sie es mehr oder weniger geduldig hin. Hesse aber kehrte im Frühjahr wieder ins Tessin zurück. Im Sommer verlegte Ruth ihre Liegekur nach Carona, aber für Hesse kam ein gemeinsames Wohnen in der Villa der Familie Wenger nicht in Frage, denn das gesellige Leben, welches dort geführt wurde, störte seinen Arbeitsfluss. Seine Gedanken kreisen um den *Steppenwolf*, den er in Basel zu schreiben angefangen hatte. Er rang darin mit seiner Einsamkeit und Entfremdung von der kleinbürgerlichen Welt und brauchte dazu seine ganze Energie. Er war von seinem Schaffen vollkommen in Beschlag genommen; alles andere kam an zweiter Stelle. Er schickte Ruth Bücher und Briefe nach Carona und besuchte sie hin und wieder von Montagnola aus – das bedeutete einen Fussmarsch von gut zwei Stunden für einen Weg – zu mehr reichte es nicht. Einem Freund schilderte er recht distanziert einen Besuch bei Ruth:

Sie sollten dies liebe kleine Mädchen mal droben im Grünen liegen sehen, um sie her der Affenpintscher Tilla und die junge Katze Lilith, über ihr im Baum der Papagei Coco. Zuweilen sitzt auch zu ihrer Seite der ergebenst Unterzeichnete und sieht mit ihr in den tiefen See hinunter ...[77]

Im Herbst reiste Ruth nach Arosa, um endlich die Tuberkulose ausheilen zu können. Abgesehen davon, dass Hesse sich nach Baden zur Kur begab, um seine zahlreichen Schmerzen behandeln zu lassen, und die restlichen Winterwochen 1926 in Zürich verbrachte, war er mit dem Beantworten von Hunderten von Leserbriefen und vor allem mit dem

Schreiben des *Steppenwolf* voll in Anspruch genommen. Er schätzte es, sich ganz darauf konzentrieren zu können, verarbeitete damit seine Einsamkeit; viel mehr als Gedanken an seine kranke Frau in Arosa hatte nicht Platz. Er schrieb ihr Briefe und schickte Bücher, er besuchte sie jedoch nicht.

Ein halbes Jahr nach ihrer Genesung reichte Ruth die Scheidung ein. Es war ihr während ihrer Krankheit klar geworden, dass eine Ehe mit einem berühmten Dichter durchaus faszinierend war und auch Ruhm und Ehre bedeutete, aber dass ihre Vorstellungen einer normalen Beziehung unter den gegebenen Verhältnissen nie umgesetzt würden. Im Jahr 1927 wurde die Scheidung ausgesprochen.

Schmetterling

Flügelt ein kleiner blauer
Falter vom Wind geweht,
Ein perlmutterner Schauer,
Glitzert, flimmert, vergeht.

So mit Augenblicksblinken,
So im Vorüberwehn
Sah ich das Glück mir winken,
Glitzern, flimmern, vergehn.[78]

Für Hesse war es ein wichtiges Jahr. Er wurde nicht nur 50 Jahre alt, sondern gleichzeitig erschien auch sein Roman *Steppenwolf* und die erste Hesse-Biografie kam auf den Markt. Verfasst hatte sie Hugo Ball, der zusammen mit Emmy Hennings jahrelang mit Hesse freundschaftlich verbunden war. In dieser Biografie über Hermann Hesse fand Ruth keinerlei Erwähnung; zu nahe waren wohl die Vorkommnisse.

Am Rhein

Wir wenden uns zum Schluss dem Rhein zu und lassen den Blick über das langsam dahinfliessende Wasser gleiten, um abschliessend die folgenden Jahre von Hermann Hesse zu betrachten: 1930 erschien *Narziss und Goldmund* – es wurde das erfolgreichste Buch zu seinen Lebzeiten. Ein Jahr später heiratete Hesse erneut: Ninon Dolbin geb. Ausländer. Sie war ebenfalls wesentlich jünger als er und wohnte mit ihm nun in einem Haus in Montagnola, das ein Mäzen extra für Hesse bauen liess. Der Zürcher Arzt H.C. Bodmer wollte es Hesse sogar schenken, aber dieser nahm die grosse Gabe nicht an, war über ein lebenslanges Wohnrecht jedoch sehr glücklich.

Auch am neuen Wohnort und mit der neuen Frau führte Hesse sein selbstständiges, zurückgezogenes Leben weiter, denn das lang gestreckte Haus bestand aus zwei Wohnungen, eine rechts und eine links, mit je einem separaten Eingang – Ninon besass für Hesses Räume keine Schlüssel! – und dazwischen befand sich die Bibliothek, die sie gemeinsam benutzten. Mit Ninon fand Hesse nun die Gefährtin, die es fertig brachte, sich ganz seinem Schaffen unterzuordnen, sich um ihn zu kümmern und seinen Charakter zu verstehen, mehr als 30 Jahre lang. Eines der über 600 wunderbaren Gedichte, welche Hesse schrieb, lautet *An Ninon*, worin es unter anderem heisst:[79]

Dass du in dem Getriebe
Des Lebens Mitte weisst,
macht dich und deine Liebe
für mich zum guten Geist.

Auch Ruth Wenger heiratete kurze Zeit nach ihrer Scheidung von Hesse erneut, einen deutschen Schauspieler namens Erich Haussmann, und sie blieb mit ihm verheiratet, bis er starb, machte den Krieg mit und hatte ein Kind mit ihm, das später ebenfalls Schauspieler wurde.[80] Ruth Wenger lebte bis 1994. Auch seine beiden anderen Frauen überlebten Hesse: Seine erste Frau Mia starb 1963, und Ninon wurde 1966 neben seinem Grab beerdigt.

Hesse durfte viele Ehrungen entgegennehmen: Nach seinem grossartigen Alterswerk, dem *Glasperlenspiel*, erhielt er 1946 den Literatur-Nobelpreis für sein Schaffen zugesprochen, ein Jahr später, in seinem 70. Altersjahr, wurde ihm der Ehrendoktor der Universität Bern verliehen, 1955 der Friedenspreis des Deutschen Buchhandels, und zu seinem 85. Geburtstag erhielt er das Ehrenbürgerrecht von Montagnola.

Wenige Wochen später, am 9. August 1962, starb Hermann Hesse an einer Gehirnblutung während der Nacht im Schlaf. Auf dem wunderschön gelegenen Friedhof von San Abbondio wurde er im Beisein seiner Frau Ninon, seiner Söhne und seiner Enkelkinder begraben.

*Ruhend dann denk ich an mein verronnenes Leben:
So viel Sturm, so viel Liebe, so viel einsames Streben,
Und dazwischen immer dies kindliche Spiel,
Dieser Traum, dies Dichten, dies bezauberte Gehn ohne Ziel.
Dies war das Beste, dies war der Sinn
All meiner Jahre. Wenn ich gestorben bin,
Werd ich, so scheint mir, nichts andres wünschen und sinnen,
Als von neuem dies holde Spiel zu beginnen.*[81]

Hesses Grab in San Abbondio. Die Grabstelle hatte er schon 1954 erworben und dazu bemerkt, es sei der einzige Grundbesitz, den er je besessen habe.

Hesses Lebenswerk, seine Romane, Erzählungen und seine wunderbaren Gedichte spiegeln sein Leben in vielfältiger Art und Weise wieder. Sie wurden in viele Sprachen übersetzt und Millionen Mal verkauft. Nach seinem Tod erfolgte Mitte der 60er-Jahre ein eigentlicher Hesse-Boom mit atemberaubenden Verkaufszahlen, vor allem in den USA und in Japan. Der rote Faden, der sich durch sein Leben und seine Werke zieht, zeigt den Menschen als Persönlichkeit, der sich allen Widerständen zum Trotz nicht als normiertes Individuum einordnen lässt.

Hesses Basler Jahre gehörten zu den prägenden seines Lebens, die Stadt blieb für ihn stets mit besonderen Erinnerungen verbunden, vor allem seine Kindheitserlebnisse und seine Erfahrungen in jungen Jahren. 1930 schrieb er seinem Sohn Bruno, als er während der Mozartfestspiele kurz in Basel weilte:

Es war musikalisch sehr schön und auch die Luft von Basel, das für mich voll Erinnerungen seit der Kindheit her ist, war mir ein Erlebnis. Ich sah sogar das Mädchen wieder, das ich einst in Basel liebte, noch ehe ich Deine Mutter kannte: die Elisabeth des Camenzind und der Gedichte, nach etwa 27 Jahren sahen wir uns wieder, alt und grau geworden.[82]

Und ein Jahr vor seinem Tod schrieb er an die erwähnte Elisabeth La Roche:

Es war während jener Mozartwoche, etwa 1930, zu der ich nach Basel gekommen war, und wo ich eine Abendstunde Ihr Gast war. Ich habe Basel seither nicht wiedergesehen. Erst waren es allerlei Umstände, die mich vom Reisen abhielten, der Bau des Hauses in Montagnola und andres, und dann begann in Basel die Zerstörung der alten Gassen und Quartiere, und ich mochte mir das Bild der Stadt, wie ich sie kannte und liebte, nicht verderben.[83]

... und habe, wenn auch meine Besuche mit den Jahren seltener wurden, nicht nur mit Basel stets in vielerlei Beziehungen gestanden, sondern ihm auch im Herzen Treue und Dankbarkeit bewahrt.[84]

Kurze Biografie[85]

1877	Hermann Hesse wird am 2. Juli in Calw geboren (Württemberg), als zweites Kind des baltischen Missionars Johannes Hesse (1847–1916) und dessen Frau Marie geb. Gundert, verwitwete Isenberg (1842–1902), der ältesten Tochter der Missionare Hermann und Julie Gundert.
1881	Hesse lebt während fünf Jahren mit seinen Eltern in Basel, wo der Vater bei der Basler Mission unterrichtet und 1883 die Schweizer Staatsangehörigkeit erwirbt.
1886	Rückkehr der Familie nach Calw.
1890	Lateinschule in Göppingen zur Vorbereitung auf das württembergische Landesexamen, der Voraussetzung für eine kostenlose Ausbildung zum Theologen. Als staatlicher Schüler muss Hesse württembergischer Staatsbürger sein, deshalb erwirbt der Vater für ihn die württembergische Staatsangehörigkeit und Hesse verliert sein Basler Bürgerrecht.
1891	Seminarist im evangelischen Klosterseminar Maulbronn, aus dem er nach sieben Monaten flieht.
1892	Aufenthalt in verschiedenen Anstalten und kurzer Besuch in Basel.
1893	Absolviert das «Einjährig-Freiwilligen-Examen» im Gymnasium in Cannstatt.
1894	15 Monate als Lehrling in der Turmuhrenfabrik Perrot in Calw.
1895	Buchhändlerlehre in Tübingen. Erste Gedicht- und Buchpublikation. Freundschaft mit Ludwig Finkh.
1899	Kommt nach Basel, wo er in der Reich'schen Buchhandlung an der Freien Strasse eine Stelle antritt. Er beginnt Artikel und Rezensionen zu schreiben.
1901	*Hermann Lauscher*. Erste Italienreise. Anschliessend Stelle im Buchantiquariat von Wattenwyl am Pfluggässlein.[86]
1902	*Gedichtsammlung* (in der Reihe *Neue Deutsche Lyriker*); sie ist seiner Mutter gewidmet, die kurz vor Erscheinen des Bändchens stirbt.
1903	Zweite Italienreise zusammen mit der Fotografin Mia Bernoulli, danach Verlobung an Pfingsten.
1904	Grosser Erfolg mit *Peter Camenzind*. Eheschliessung mit Mia Bernoulli im August in Basel.
1904	Gaienhofen am Bodensee. Freier Schriftsteller und Mitarbeiter zahlreicher Zeitungen. Freundschaft mit Othmar Schoeck.
1905	Geburt des Sohnes Bruno.

1906	*Unterm Rad.*
1909	Geburt seines zweiten Sohnes Heiner.
1910	*Gertrud.*
1911	im Juli Geburt des dritten Sohnes Martin. Von September bis Dezember Indienreise mit dem befreundeten Maler Hans Sturzenegger.
1912	Hesse verlässt Gaienhofen und Deutschland für immer und übersiedelt mit seiner Familie nach Bern. Freundschaft mit Romain Rolland.
1914	*Roßhalde.* Bei Kriegsbeginn meldet sich Hesse freiwillig, wird aber wegen seines Augenleidens als dienstuntauglich zurückgestellt und 1915 der deutschen Gesandtschaft in Bern zugeteilt. Zahlreiche politische Aufsätze, Mahnrufe, offene Briefe in deutschen, schweizerischen und österreichischen Zeitungen und Zeitschriften.
1915	*Knulp* sowie *Musik des Einsamen.*
1916	Tod des Vaters, schwere Erkrankung des jüngsten Sohnes Martin und beginnende Schizophrenie seiner Frau Mia. Hesses erste psychotherapeutische Behandlung durch J. B. Lang (C. G. Jung-Schüler).
1917	werden Hesses zeitkritischen Publikationen verboten. Er verwendet daher das Pseudonym Emil Sinclair.
1919	Auflösung des Berner Haushalts. Trennung von seiner in einer Heilanstalt internierten Frau Mia. Unterbringung der Kinder bei Freunden und im Internat. *Demian.*
1919	Übersiedlung nach Montagnola/Tessin in die Casa Camuzzi (vorher kurz in Minusio und Sorengo). Lernt Ruth Wenger in Carona kennen. Freundschaft mit Hugo und Emmy Ball Hennings.
1920	*Klingsors letzter Sommer. Wanderung.*
1921	*Ausgewählte Gedichte.* Krise und Psychoanalyse bei C. G. Jung. Fast anderthalbjähriger Unterbruch zwischen der Niederschrift des ersten und zweiten Teils von *Siddhartha.*
1922	*Siddhartha.*
1923	Scheidung der Ehe mit Mia Bernoulli.
1923/24	Wintermonate in Basel, wohnt neben dem *Hotel Krafft.*
1924	Januar: Heirat mit der Sängerin Ruth Wenger. Wird Schweizer Staatsbürger. Zieht im Frühling wieder ins Tessin.
1924/25	Wintermonate in Basel an der Lothringerstrasse 7, wo er den *Steppenwolf* zu schreiben beginnt.
1925	*Kurgast.*

1927	*Der Steppenwolf* und *Die Nürnberger Reise*. Hesse-Biografie von Hugo Ball. Scheidung auf Wunsch seiner Frau Ruth.
1928	*Betrachtungen. Krisis.*
1929	*Trost der Nacht.*
1930	*Narziß und Goldmund.*
1931	Bezieht in Montagnola ein neues, ihm auf Lebzeiten zur Verfügung gestelltes Haus, das der Mäzen Hans C. Bodmer für ihn erbauen liess (Casa rossa). Freundschaft mit Thomas Mann. Heiratet die Kunsthistorikerin Ninon Dolbin, geb. Ausländer.
1932	*Die Morgenlandfahrt.*
1936	*Stunden im Garten.* Erhält den Gottfried Keller-Preis.
1937	*Gedenkblätter* und *Neue Gedichte.*
1939	Hesses Werke werden in Deutschland als unerwünscht erklärt, neue können nicht gedruckt werden.
1943	*Das Glasperlenspiel* erscheint bei Fretz & Wasmuth in Zürich.
1946	Hesses Werke können nun wieder in Deutschland gedruckt werden. *Dank an Goethe. Krieg und Frieden.* Goethe-Preis der Stadt Frankfurt a. M. Von nun an verbringt Hesse die heissesten Sommerwochen jeweils im Engadin, in Sils Maria. Erhält den Nobelpreis für Literatur.
1947	Ehrendoktorwürde der Universität Bern.
1950	Wilhelm Raabe-Preis.
1951	*Späte Prosa. Briefe.*
1952	*Gesammelte Dichtungen* in sechs Bänden als Festgabe zu Hesses 75. Geburtstag.
1954	*Piktors Verwandlung.*
1955	*Beschwörungen.* Friedenspreis des Deutschen Buchhandels. Aufnahme in den Orden Pour la Mérite.
1957	*Gesammelte Schriften,* 7 Bände.
1962	Am 9. August stirbt Hermann Hesse in Montagnola und wird in San Abbondio begraben.
1963	stirbt seine erste Frau Mia geb. Bernoulli.
1966	stirbt seine Frau Ninon geb. Ausländer.
1994	stirbt seine zweite Frau Ruth Wenger verheiratet Haussmann.

Nachkommen: drei Söhne, sieben Enkelkinder. Der Sohn Heiner Hesse, der Verwalter des literarischen Nachlasses und Gründer des Hesse-Museums in Montagnola, stirbt als letzter der drei Söhne im April 2003.

Hesses Wohnorte in Basel

Müllerweg 126	1881–1886
Eulerstrasse 18	September 1899
Holbeinstrasse 21	Oktober 1899–April 1900 (mit Architekt Heinrich Jennen)
Mostackerstrasse 10	April 1900–März 1901 (anschliessend Italienreise)
Burgfelderstrasse 12	Juni 1901–September 1901
Stiftsgasse 5	Oktober 1901–Juli 1902
St. Alban-Vorstadt 7	August 1902–Januar 1903
Feierabendstrasse 37	Januar 1903–Herbst 1903, danach einige Wochen in Calw, Heirat in Basel 1904
Rheingasse 18	Winter 1924/25
Lothringerstrasse 7	Winter 1925/26

Anmerkungen

[1] Hermann Hesse: Hermann Lauscher, S. 13f., Suhrkamp Verlag, Frankfurt 1970

[2] Hermann Hesse: Basler Erinnerungen in: Kindheit und Jugend vor 1900, Band 2, S. 614, Suhrkamp Verlag, Frankfurt 1978

[3] Zusammen bauten sie mehrere Missionsstationen im Süden Indiens, in der Region Kerala, auf.

[4] Hermann Hesse: Kindheit und Jugend vor 1900, Band 2, S. 615, Suhrkamp Verlag, Frankfurt 1978

[5] Hermann Hesse: Basler Erinnerungen, in: Sämtliche Werke, Band 12, S. 78, Hrsg. Volker Michels, Suhrkamp Verlag, Frankfurt 2003

[6] Hermann Hesse: Sein Leben in Bildern und Texten, Hrsg. Volker Michels, Tagebuchnotiz von Mutter Maria Hesse, Suhrkamp Verlag, Frankfurt 1979

[7] Hermann Hesse: Kindheit und Jugend vor 1900, Band 1, S. 13, Suhrkamp Verlag, Frankfurt 1966

[8] Tagebuchnotiz der Mutter aus: Hesse: Sein Leben in Bildern und Texten, Hrsg. Volker Michels, S. 33, Suhrkamp Verlag, Frankfurt 1979

[9] Hermann Hesse: Kindheit und Jugend vor 1900, Band 1, S. 13, Suhrkamp Verlag, Frankfurt 1966

[10] Bernhard Zeller: Hermann Hesse, S. 24, Rowohlt Taschenbuch, Reinbek bei Hamburg 1963

[11] Hermann Hesse: Magie der Farben, aus: Stunden am Schreibtisch S. 68, Suhrkamp Verlag, Frankfurt 1980

[12] Hermann Hesse: Basler Erinnerungen in: Kindheit und Jugend, Band 2, S. 614 ff., Suhrkamp Verlag, Frankfurt 1978

[13] Hermann Hesse: Brief von 1925, in: Herbert Schnierle-Lutz: Literatur Reisen. Auf den Spuren von Hermann Hesse von Calw nach Montagnola, S. 169, Ernst Klett Verlag, Stuttgart 1991

[14] Hermann Hesse: Hermann Lauscher, S. 232., Suhrkamp Verlag, Frankfurt 1970

[15] Hermann Hesse: Hermann Lauscher, S. 239, Suhrkamp Verlag, Frankfurt 1970

[16] Marie Hesse: Ein Lebensbild in Briefen und Tagebüchern, S. 197, Brief vom 3.7.1886, Insel Taschenbuch, Frankfurt 1977

[17] Hermann Hesse aus: Kurzgefasster Lebenslauf, Gesammelte Werke Band 6, Suhrkamp Verlag, Frankfurt 1970

[18] Hermann Hesse: Gesammelte Werke in 12 Bänden, Band 6, S. 391 f., Kurzgefasster Lebenslauf, Hrsg. Volker Michels, Suhrkamp Verlag, Frankfurt 1984

[19] Hermann Hesse: Sein Leben in Bildern und Texten, Hrsg. Volker Michels, S. 55, Suhrkamp Verlag, Frankfurt 1979

[20] Hermann Hesse: Kindheit und Jugend vor 1900, Band 1, S. 281, Suhrkamp Verlag, Frankfurt 1966

[21] Hermann Hesse: Basler Erinnerungen, in Kindheit und Jugend vor 1900, Band 2, S. 616, Suhrkamp Verlag, Frankfurt 1978

[22] Aus Hermann Hesse: Sämtliche Werke, Band 10, Die Gedichte, S. 468, Hrsg. Volker Michels, Suhrkamp Verlag, Frankfurt 2002

[23] Hermann Hesse: Basler Erinnerungen in: Kindheit und Jugend vor 1900, Band 2, S. 616, Suhrkamp Verlag, Frankfurt 1978

[24] Hermann Hesse: Peter Camenzind, Sämtliche Werke, Band 2, S. 69, Suhrkamp Verlag, Frankfurt 2001

[25] Martin Wackernagel: Rudolf Wackernagel, Basler Jahrbuch 1930, S. 24, Helbing & Lichtenhahn, Basel 1931

[26] Hermann Hesse: Kindheit und Jugend vor 1900, Band 2, S. 438, Brief vom 16.1.1900, Suhrkamp Verlag, Frankfurt 1978

[27] Hermann Hesse: Basler Erinnerungen, in: Kindheit und Jugend vor 1900, Band 2, S. 616, Suhrkamp Verlag, Frankfurt 1978

[28] Hermann Hesse: Der Steppenwolf, Gesamtwerk 7, S. 206, Suhrkamp Verlag, Frankfurt 1957

[29] Hermann Hesse: Brief vom 31.3.1955, in: Herbert Schnierle-Lutz: Literatur Reisen. Auf den Spuren von Hermann Hesse von Calw nach Montagnola, S. 166, Ernst Klett Verlag, Stuttgart 1991

[30] Hermann Hesse: Kindheit und Jugend vor 1900, Band 2, S. 498, Brief vom 24.9.1900, Suhrkamp Verlag, Frankfurt 1978

[31, 32] Hermann Hesse: Das Rathaus in: «Aus Kinderzeiten». Gesammelte Erzählungen 1900–1905, S. 65ff., Suhrkamp Verlag, Frankfurt 1977

[33] Nach Abbruch Fassadenrekonstruktion 1978

[34] Hermann Hesse: Peter Camenzind, Sämtliche Werke, Band 2, S. 85, Suhrkamp Verlag, Frankfurt 2001

[35] Hermann Hesse: Peter Camenzind, Sämtliche Werke, Band 2, S. 94, Suhrkamp Verlag, Frankfurt 2001

[36] Hermann Hesse: Kindheit und Jugend vor 1900, Band 2, S. 383, Brief an die Eltern 17.9.1899, Suhrkamp Verlag, Frankfurt 1978

[37] Hermann Hesse: Peter Camenzind, Sämtliche Werke, Band 2, S. 40, Suhrkamp Verlag, Frankfurt 2001

[38] Hermann Hesse: Kindheit und Jugend vor 1900, Band 2, S. 205, Brief an die Eltern 27.9.1897, Suhrkamp Verlag, Frankfurt 1978

[39] Hermann Hesse: Kindheit und Jugend vor 1900, Band 2, S. 413, Suhrkamp Verlag, Frankfurt 1985

[40] Hermann Hesse: Kindheit und Jugend vor 1900, Band 2, S. 471, Brief an den Vater vom 10.6.1900, Suhrkamp Verlag, Frankfurt 1978

[41] Hermann Hesse: Kindheit und Jugend vor 1900, Band 2, S. 414ff., Suhrkamp Verlag, Frankfurt 1978

[42] Hermann Hesse: Kindheit und Jugend vor 1900, Band 2, S. 372, Brief an Helene Voigt-Diederichs vom 7. August 1899 (Helene Voigt war die allererste Leserin, die Hesse einen Brief schrieb, etwa 1893/94 im Alter von 19 Jahren. Sie bedankte sich für ein Gedicht, das in einer Zeitschrift abgedruckt war), S. 587, Suhrkamp Verlag, Frankfurt 1978

[43] Hermann Hesse: Kindheit und Jugend vor 1900, Band 2, S. 387, Suhrkamp Verlag, Frankfurt 1978

[44] Hermann Hesse: Kindheit und Jugend vor 1900, Band 2, S. 464, Suhrkamp Verlag, Frankfurt 1978

[45] Hermann Hesse: Kindheit und Jugend vor 1900, Band 2, S. 616, Suhrkamp Verlag, Frankfurt 1978

[46] Hermann Hesse: Kindheit und Jugend vor 1900, Band 2, S. 455, Suhrkamp Verlag, Frankfurt 1978

[47] Aus einem Brief vom 11.9.1904 an Stefan Zweig in: Hermann Hesse: Sein Leben in Bildern und Texten, Hrsg. Volker Michels, S. 85, Suhrkamp Verlag, Frankfurt 1979

[48] Aus dem Märchen Iris, das Hesse nach der Trennung schreibt und Mia widmet. Hermann Hesse: Iris, Suhrkamp Verlag, Frankfurt 1973

[49] Hans Zwicky-Hartmann: Ausgewählte Briefe an Staatsarchivar Dr. Rudolf Wackernagel-Burckhardt oder dessen Gattin (1882–1926), Brief vom 21.3.1908, Basler Stadtbuch 1969, S. 53, Verlag Helbing & Lichtenhahn, Basel 1968

[50] Hermann Hesse: Kindheit und Jugend vor 1900, Band 2, S. 143, Brief vom 16.3.1914, Suhrkamp Verlag, Frankfurt 1979

[51] Hermann Hesse: Sein Leben in Bildern und Texten, Hrsg. Volker Michel, S. 154, Brief an J.W. Muehlon, Suhrkamp Verlag, Frankfurt 1979

[52] Bei Dr. Josef Bernhard Lang

[53] Hermann Hesse: Sein Leben in Bildern und Texten, Hrsg. Volker Michel, S. 164, Brief vom 15.1.1919 an Wilhelm Schussen, Suhrkamp Verlag, Frankfurt 1979

[54] Hermann Hesse: Klingsors letzter Sommer, S. 139, Suhrkamp Verlag, Frankfurt 1978

[55] Hermann Hesse aus: Wanderung, Passage aus der Betrachtung «Bäume», Insel/Suhrkamp Verlag, Frankfurt 1985

[56] Hermann Hesse: Gesammelte Werke in 12 Bänden, Band 6, S. 391f., Kurzgefasster Lebenslauf, Hrsg. Volker Michels, Suhrkamp Verlag, Frankfurt 1984

[57] Hermann Hesse: Sein Leben in Bildern und Texten, Hrsg. Volker Michels, S. 301, Insel Taschenbuch 1111, Suhrkamp Verlag, Frankfurt 1979

[58] Erster Rheinübergang in Basel an dieser Stelle im Jahr 1226

[59] Hermann Hesse: Klingsors letzter Sommer, S. 59, Suhrkamp Verlag, Frankfurt 1978

[60] Im Laufe seines Lebens hat Hesse rund 3000 Rezensionen geschrieben für mehr als 50 verschiedene Zeitungen. Aus: Bernhard Zeller: Hermann Hesse, S. 158, Rororo Taschenbuch, Reinbek bei Hamburg 1963

[61] Hermann Hesse: Liebes Herz!, Briefwechsel mit seiner zweiten Frau Ruth, Hrsg. Ursula und Volker Michels, S. 45, Suhrkamp Verlag, Frankfurt 2005

[62] Hermann Hesse: Liebes Herz!, Briefwechsel mit seiner zweiten Frau Ruth, Hrsg. Ursula und Volker Michels, S.46, Brief vom September 1920 aus Delsberg, Suhrkamp Verlag, Frankfurt 2005

[63] Hermann Hesse: Liebes Herz!, Briefwechsel mit seiner zweiten Frau Ruth, Hrsg. Ursula und Volker Michels, S. 604, Ruth Wenger: Meine Liebe und meine Ehe mit Hermann Hesse, geschrieben 1975, Suhrkamp Verlag, Frankfurt 2005

[64] Hermann Hesse Liebes Herz!, Briefwechsel mit seiner zweiten Frau Ruth, Hrsg. Ursula und Volker Michels, S. 95, Suhrkamp Verlag, Frankfurt 2005

[65] Hermann Hesse: Sein Leben in Bildern und Texten, Hrsg. Volker Michels, S. 211, Brief an Helene Welti vom Juli 1923, Suhrkamp Verlag, Frankfurt 1979

[66] Die Einbürgerung zog sich auch nach der Hochzeit noch monatelang hin.

[67] Hermann Hesse: Sein Leben in Bildern und Texten, Hrsg. Volker Michels, S. 211, Brief an Carl Seelig vom 28.12.1923, Suhrkamp Verlag, Frankfurt 1979

[68] Hermann Hesse: Liebes Herz! Briefwechsel mit seiner zweiten Frau Ruth, Hrsg. Ursula und Volker Michels, Ruth Wenger: Meine Liebe und meine Ehe mit Hermann Hesse, S. 621, Suhrkamp Verlag, Frankfurt 2005

[69] Altes Testament: Bibelvers aus Ruth 1,16

[70] Hermann Hesse: Liebes Herz! Briefwechsel mit seiner zweiten Frau Ruth, Hrsg. Ursula und Volker Michels, Ruth Wenger: Meine Liebe und meine Ehe mit Hermann Hesse, S. 621, Suhrkamp Verlag, Frankfurt 2005

[71] Hermann Hesse: Liebes Herz!, Briefwechsel mit seiner zweiten Frau Ruth, Hrsg. Ursula und Volker Michels, Brief vom 1.5.1924 aus Montagnola, S. 402, Suhrkamp Verlag, Frankfurt 2005

[72] Hermann Hesse: Klingsors letzter Sommer, S. 57, Suhrkamp Verlag, Frankfurt 1978

[73] Hermann Hesse. Der Steppenwolf, Gesammelte Werke 7, S. 206, Suhrkamp Verlag, Frankfurt 1978

[74] Hermann Hesse: Brief an Hugo und Emmy Ball vom 10.12.1925, in: Herbert Schnierle-Lutz: Literatur Reisen, S. 169, Ernst Klett Verlag, Stuttgart 1991

[75] Hermann Hesse: Brief von 1948, Gesammelte Briefe, Band 3, Suhrkamp Verlag, Frankfurt 1982

[76] Hermann Hesse: Brief von 1925, in: Herbert Schnierle-Lutz: Literatur Reisen, S. 169, Ernst Klett Verlag, Stuttgart 1991

[77] Hermann Hesse: Liebes Herz!, S. 494, Brief an Fritz Leuthold vom 16.7.1925, Suhrkamp Verlag, Frankfurt 2005

78 Hermann Hesse: Sämtliche Werke, Band 10, Die Gedichte, S. 307, Hrsg. Volker Michels, Suhrkamp Verlag, Frankfurt 2002

79 Hermann Hesse: Für Ninon, in: Sämtliche Werke, Band 10, S. 311 f., Hrsg. Volker Michels, Suhrkamp Verlag, Frankfurt 2002

80 Ihr Enkel Leander Haussmann gab 1997 am Theater Basel sein Debüt als Opernregisseur mit Mozarts «Figaro».

81 Hugo Ball: Hermann Hesse. Sein Leben und Werk, S. 290, Suhrkamp Verlag, Frankfurt 1977

82 Hermann Hesse: Kindheit und Jugend vor 1900, Band 2, S. 621, Brief an den Sohn Bruno 26.5.1930, Suhrkamp Verlag, Frankfurt 1978

83 Hermann Hesse: Kindheit und Jugend vor 1900, Band 2, S. 621, Brief an Elisabeth La Roche vom September 1961, Suhrkamp Verlag, Frankfurt 1978

84 Hermann Hesse: Basler Erinnerungen 1937 in: Kindheit und Jugend vor 1900, Band 2, S. 618, Suhrkamp Verlag, Frankfurt 1978

85 Quelle: Bernhard Zeller: Hermann Hesse, Rororo Taschenbuch, Reinbek b. Hamburg 1963 sowie http://www.hermann-hesse.com/html/deutsch/biographie.html (aufgerufen Juni 2011)

86 Eugen von Wattenwyl (1846–1916). Besten Dank an Andreas Barth vom Staatsarchiv Basel für die Auskunft.

Literaturverzeichnis

Hermann Hesse: Sämtliche Werke, 20 Bände, Hrsg. Volker Michels, Suhrkamp Verlag, Frankfurt 2001–2005

Hermann Hesse: Kindheit und Jugend vor 1900, 2 Bände, Suhrkamp Verlag, Frankfurt 1966 und 1978 (auch als Taschenbücher 1002 und 1150, Frankfurt 1984 und 1985)

Hermann Hesse: Sein Leben in Bildern und Texten, Hrsg. Volker Michels, Suhrkamp Verlag, Frankfurt 1979 (auch als Insel Taschenbuch 1111)

Marie Hesse: Ein Lebensbild in Briefen und Tagebüchern, Taschenbuch Nr. 261, Insel Verlag, Frankfurt 1979

Hermann Hesse: Gesammelte Briefe, 4 Bände, Hrsg. Ursula und Volker Michels, Suhrkamp Verlag, Frankfurt 1973, 1979, 1982 und 1986

Hermann Hesse in Augenzeugenberichten, Hrsg. Volker Michels, Suhrkamp Verlag, Frankfurt 1987 (auch als Taschenbuch 1865)

Herbert Schnierle-Lutz: Literaturreisen: Auf den Spuren Hermann Hesses von Calw nach Montagnola, Ernst Klett Verlag, Stuttgart 1991

Hermann Hesse. Liebes Herz! Briefwechsel mit seiner zweiten Frau Ruth, Hrsg. Ursula und Volker Michels, Suhrkamp Verlag, Frankfurt 2005

Bildnachweis

Titelbild, S. 8, S. 11, S. 12, S. 17, S. 19, S. 23, S. 25, S. 29, S. 33, S. 35, S. 39, S. 47, S. 53, S. 55, S. 57, S. 59, S. 61, S. 65, S. 67: Helen Liebendörfer

S. 13: Deutsches Literaturarchiv Marbach

S. 15: Staatsarchiv Basel-Stadt, Hö C 189 (Fotoarchiv Höflinger)

S. 27: Hermann Hesse-Editionsarchiv, Volker Michels, Offenbach/Main

S. 31: Hermann Hesse-Editionsarchiv, Volker Michels, Offenbach/Main

S. 37: Deutsches Literaturarchiv Marbach

S. 41: Deutsches Literaturarchiv Marbach

S. 43: Hermann Hesse-Editionsarchiv, Volker Michels, Offenbach/Main

S. 45: Hermann Hesse-Editionsarchiv, Volker Michels, Offenbach/Main

S. 49: Deutsches Literaturarchiv Marbach

S. 50: Klaus Brodhage

Autorin

Die Baslerin Helen Liebendörfer ist bekannt als Stadtführerin und Dozentin an der Volkshochschule Basel. Es ist ihr ein besonderes Anliegen, möglichst vielen Gästen die Besonderheiten der Stadt näherzubringen. Für ihr Engagement hat sie im Jahr 2008 den Ehrendoktor der Universität Basel erhalten.

Helen Liebendörfer im Friedrich Reinhardt Verlag

Spaziergänge in Basel für Touristen und Einheimische
Die beschriebenen Spaziergänge sind für Touristen, welche die Stadt zum ersten Mal besuchen, genauso interessant wie für Personen, die schon lange in der Stadt leben.

84 Seiten, 2000
4. Auflage 2006
mit neun farbigen Abb. und Stadtplan
kartoniert
CHF 19.80, EUR 16.80
ISBN 978-3-7245-1145-8

Spaziergänge zu Malern, Dichtern und Musikern in Basel
Dieses handliche Buch führt auf verschiedenen Spaziergängen zu berühmten Malern, Dichtern und Musikern, die in Basel aufgewachsen sind oder in der Stadt zu Besuch weilten.

123 Seiten, 2000
2. Auflage 2004
mit 12 farbigen Abb. und Stadtplan
kartoniert
CHF 19.80, EUR 16.80
ISBN 978-3-7245-1110-6

Spaziergänge zu Frauen und Kindern in Basel
Im vorliegenden Band führt die Autorin zu Wohnorten, Bildern und Statuen bedeutender Frauen und Kinder, die später ihre Vaterstadt über die Grenzen hinaus bekannt gemacht haben.

130 Seiten, 2003
mit 17 farbigen und fünf s/w Abb. sowie Stadtplan
kartoniert
CHF 19.80, EUR 16.80
ISBN 978-3-7245-1255-4

Basel, die verzauberte Stadt
Ein spielerischer Spaziergang für Kinder

Auf einem Spaziergang durch die Stadt können die Kinder aktiv ins Geschehen miteingebunden werden.
Für Kinder zwischen fünf und zehn Jahren.

48 Seiten, 2006
mit 21 Farbfotos und Stadtplan
Hardcover
CHF 19.80, EUR 16.80
ISBN 978-3-7245-1380-3

Spaziergang in Basel mit Johann Peter Hebel

Mit viel Gespür für Details führt Helen Liebendörfer den Leser auf die Spuren des grossen Dichters: vom Totentanz zur Petersgasse, vorbei an der Mittleren Brücke und hoch zum Münsterplatz.

65 Seiten, 2010
kartoniert
CHF 19.80, EUR 16.80
ISBN 978-3-7245-1660-6

Spaziergang zu berühmten Gästen in Basel

Die Stadtführerin nimmt die Leserinnen und Leser zu berühmten Gästen in Basel mit – von Kaiser Heinrich II., Paracelsus, Faust und Napoleons Gemahlin Marie-Louise bis hin zu Dostojewski und Gustav Adolf von Schweden.

100 Seiten, 2011
farbig bebildert
kartoniert
CHF 19.80, EUR 16.80
ISBN 978-3-7245-1704-7

Die Bücher sind im Buchhandel oder unter www.reinhardt.ch erhältlich.